La Iglesia Incompleta

La Iglesia Incompleta

Cerremos la brecha entre
los hijos de Dios

CRISTIANOS Y JUDÍOS JUNTOS COMPLETAN EL CUERPO DEL MESÍAS

Sid Roth

Editorial
Desafío

La Iglesia Incompleta por Sid Roth

© 2010 Todos los derechos de esta edición en español reservados por Asociación Editorial Buena Semilla bajo su sello de Editorial Desafío.

Publicado originalmente en inglés por **D Destiny Image** Shippensburg, PA, USA, bajo el título: *The Incomplete Church* by Sid Roth, Copyright © 2007 by Sid Roth, USA

Traducción: Rogelio Díaz-Díaz
Edición: Miguel Peñalosa

Publicado y Distribuido por Editorial Desafío
Cra. 28A No. 64A-34, Bogotá, Colombia
Tel. (571) 630 0100
E-mail: desafio@editorialbuenasemilla.com
www.editorialdesafio.com

Categoría: Interés General/Judaísmo
Producto No. 600032
ISBN: 978-958-737-052-2

Impreso en Colombia
Printed in Colombia

Comentarios

"El conocimiento de Sid es inspirador y poderoso. Revela que tenemos que derribar la pared divisoria que separa a cristianos y judíos y tender un puente entre ellos para que el poder de Dios en los Últimos Tiempos se manifieste en todo el mundo".

–Larry Huch

Pastor, DFW New Beginnings, Irvin, Texas

La Iglesia Incompleta nos da una verdadera visión de la eternidad; una eternidad en donde judíos y gentiles sean Uno Solo".

–Gordon Robertson

Copresentador y Productor Ejecutivo del Club 700.

Dedicatoria

A mi hija Leigh y a mi yerno Grez Williamson. Leigh es judía y Grez es gentil. Ambos conocen y aman al Mesías de Israel. (Mi primera nieta se llama Olivia porque es el fruto de una judía y un gentil injertado en el Olivo judío.)

Reconocimientos

Quiero agradecer también a Robert Dubai quien invirtió muchas horas editando el original. Ha sido un amigo confiable y un verdadero "Timoteo" para mí a través de los años.

Índice

Prólogo

Conocí a Sid Roth en un culto eclesiástico en Jacksonville, Florida, en el que mi esposa Kathy y yo estábamos ministrando. Sid estaba tan hambriento de un toque de Dios que cayó bajo el poder del Espíritu Santo. Al observarlo a través de los años, he visto cómo su intenso amor por las cosas profundas del Señor ha crecido al punto de producir un fresco movimiento de Dios dentro de la comunidad judía. El discernimiento que comparte en este libro es un puente sobre el inmenso abismo que separa a la Iglesia del pueblo judío. La construcción de este puente que une a judíos y no judíos nos prepara para dar el siguiente paso en el cumplimiento de los propósitos de Dios en esta última hora.

Aunque el pueblo judío es importante para lo que Dios está haciendo sobre la tierra, aquel ha sufrido grandemente el antisemitismo promulgado por algunos líderes de la iglesia de los primeros siglos. Este libro revela las raíces del antisemitismo en la Iglesia, y proclama proféticamente un curso de acción para el próximo gran movimiento de Dios.

De todo corazón comparto con Sid la idea de que la Iglesia está incompleta hasta que los creyentes judíos se unan con los que no lo son, tal como ocurrió en la iglesia que describe el libro de Los Hechos. La mayoría de cristianos no está consciente de que los primeros apóstoles y líderes fueron judíos que evangelizaron al mundo gentil. Ahora es tiempo de que los Gentiles retornemos el favor permitiendo que la gloria de Dios fluya a través de nosotros hacia el pueblo Judío.

Este libro es parte de algo que yo he soñado y anhelado durante muchos años: ver apóstoles y profetas judíos otra vez sobre la tierra. Cuando estos líderes se levanten y entren en acción, veremos que la Iglesia de los últimos tiempos llega a ser el "Nuevo Hombre" que manifiesta la gloria de Dios. Efesios 4: 4 – 6 afirma que:

> *Todos somos un cuerpo, y tenemos el mismo Espíritu, y hemos sido llamados todos al mismo glorioso futuro. Hay un solo Señor, una sola fe, un solo bautismo, y un solo Dios y Padre, el cual es sobre todos, y por todos, y en todos.*

Jesús el Mesías derribó la pared intermedia de separación entre judíos y gentiles (ver Efesios 2: 14). Cuando los dos se unan creando un Nuevo Hombre, la gloria crecerá y producirá sanidades, milagros y la más grande cosecha de almas de la historia.

–Steve Gray

World Revival Church, Kansas City, Missouri

(Antiguo pastor de Smithton Outpouring)

1

El Pacto Judío

¿ES JUDÍO EL CRISTIANISMO? Sabemos que Jesús nació como judío, vivió su vida y murió como judío. Sobre la cruz estaba esta inscripción: "ESTE ES JESÚS, EL REY DE LOS JUDÍOS" (Mateo 27: 37). Jesús dijo que el Nuevo Pacto era *solamente* para el pueblo judío (ver Mateo 15: 24). Jeremías profetizó lo mismo: *"He aquí vienen días, dice el Señor, en los cuales haré nuevo pacto con la casa de Israel y con la casa de Judá"* (Jeremías 31: 31).

Este nuevo pacto no fue con los gentiles sino solamente con el pueblo judío. La única forma para que un gentil fuera salvo era convirtiéndose al Judaísmo. Pero Dios amó a todo el mundo y nos dio muchas profecías acerca de la unión de los judíos con los gentiles. *"Entonces diré a quienes no eran mi pueblo:* ` *¡Ustedes son pueblo mío!* ´ *Y ellos dirán:* ` *¡Tú eres nuestro Dios!* ´*"* (Oseas 2: 23).

Pablo dice de los gentiles en Efesios 2: 12: *"En aquel tiempo estabais sin Cristo, alejados de la ciudadanía de Israel y ajenos a los pactos de la promesa, sin esperanza y sin Dios en el mundo."* La ciudadanía de Israel bien podría traducirse como la "libertad de Israel." Me encanta la libertad que Dios otorga a judíos y gentiles por medio de Jesús el Mesías. Como verá usted, esto no es legalismo sino verdadera *libertad*. Cuando ya no somos **ajenos a los pactos de la promesa** hecha a Israel conocemos la verdad, y conocerla produce libertad y amistad con Dios.

La gentil Rut fue una figura profética y representativa de esta libertad para los gentiles. Ella dijo a Noemí, su suegra judía: *"Tu pueblo será mi pueblo, y tu Dios mi Dios"* (Rut 1: 16). El nombre de Rut significa "amiga". Cuando ella entró al pacto judaico se convirtió en amiga de Dios y del pueblo judío. Se casó con el judío Booz y de su unión vino un descendiente, un bisnieto que llegó a ser el Rey David.

El apóstol Pablo explica el hecho del injerto de los gentiles dentro del pacto Judaico utilizando la analogía del olivo y sus ramas. El olivo es una figura o tipo de Israel. Lo sabemos porque Pablo, al hablar de él en su Carta a los Romanos 11: 24, lo llama *"su propio olivo"*. Las "ramas naturales" son el pueblo judío, y las "ramas silvestres" son los gentiles. Él afirma que los gentiles fueron injertados en el olivo judío.

¿Esto significa que el cristiano gentil llega a ser físicamente judío o parte de Israel? ¡No! (Véase el capítulo 4.) Aunque ambas ramas son iguales en los pactos, cada una tiene un llamado o un rol único o singular, así como los esposos son iguales en el pacto matrimonial pero tienen papeles diferentes. La Biblia da a los esposos instrucciones que son diferentes a las que da a las esposas. Miremos algunas de las promesas hechas al pueblo judío como parte de su llamamiento:

En declaraciones hechas a Abraham y reiteradas a Isaac y Jacob, Dios prometió a Israel para siempre la tierra que ocupa.

[A Abraham] Y te daré a ti, y a tu descendencia después de ti, la tierra en que moras, toda la tierra de Canaán en heredad perpetua (Génesis 17: 8).

[A Isaac] Habita como forastero en esta tierra, y estaré contigo, y te bendeciré; porque a ti y a tu descendencia daré todas estas tierras, y confirmaré el juramento que hice a Abraham tu padre. (Génesis 26: 3).

[A Jacob] y te dé [Dios] la bendición de Abraham, y a tu descendencia contigo, para que heredes la tierra en que moras, que Dios dio a Abraham. (Génesis 28: 4).

Dios también promete juicio a las naciones de acuerdo con el tratamiento que le den a la nación de Israel y su pueblo judío.

Reuniré a todas las naciones… y allí entraré en juicio con ellas a causa de mi pueblo, y de Israel mi heredad… (Joel 3: 2).

De igual manera Dios promete bendecir a quienes bendigan al pueblo judío, y maldecir a quienes lo maldigan.

*Bendeciré a los que te bendijeren, y a los que te mal-
dijeren maldeciré (Génesis 12: 3).*

También promete reunir al pueblo judío en la tierra
de Israel.

*Vive el Señor, que hizo subir a los hijos de Israel de
la tierra del norte, y de todas las tierras adonde los
había arrojado; y los volveré a su tierra, la cual di a
sus padres. (Jeremías 16: 15).*

Aunque la Biblia hace muchas promesas a los judíos,
el *llamado o el rol más grande de los últimos tiempos es el de los
creyentes gentiles.* Éstos tienen la tarea de llevar a los judíos
a creer en Jesús. *"Para provocarlos a celos* [a los judíos]*, ha
venido la salvación a los gentiles"* (Romanos 11: 11b, NKJV).
Cuando judíos y gentiles converjan o se unan como un
Nuevo Hombre, ese hecho encenderá un avivamiento de
los últimos tiempos como el mundo no ha visto jamás.

Según el diccionario Merriam Webster, la palabra
convergencia es "el acto de converger o moverse hacia la
unión... movimiento coordinado de los ojos para que la
imagen de *un solo punto* se forme en la retina (énfasis agre-
gado). [1]

---

1.   *Merriam Webster Online,* s.v. *"convergence",* http://www.m-w.com/cgi-bin/
dictionary (fecha de entrada Agosto 8, 2006).

El mundo no podrá ver con claridad a Jesús hasta que judíos y gentiles converjan o se una en *Un Nuevo Hombre*. Deuteronomio 32: 30 nos dice lo que pasará cuando tal convergencia se manifieste: *"¿Cómo podría perseguir uno a mil, y dos* [judío y gentil] *hacer huir a diez mil?"*.

En Ezequiel 47: 9 (AMP), en la descripción del río milenial, encontramos una prueba de lo que ocurrirá cuando la antigua unción judía se funda con la unción cristiana: *"Y a dondequiera que vaya el río doble* [de judíos y cristianos] *toda* **criatura** *viviente que nadare vivirá, y habrá una gran cantidad de peces* [avivamiento]...". Esta convergencia hará que la unción sanadora se eleve desde un nivel bajo, (la altura del tobillo), hasta una total saturación (ver Ezequiel 47: 3 – 5). La convergencia será también potenciadora. *¡Ella cambiará para siempre el rostro de la Iglesia!*

Dios quiere *"reunir todas las cosas en Cristo* [el Mesías]*"* (Efesios 1: 10)

> *Porque él es nuestra paz, que de ambos pueblos hizo uno, derribando la pared intermedia de separación, aboliendo en su carne las enemistades... para crear en sí mismo de los dos* **un solo y nuevo hombre***, en quien vosotros también sois juntamente edificados para* **morada** *de Dios en el Espíritu. (Efesios 2: 14 –15, 22).*

¿Qué es lo que está en juego en esta convergencia de judíos y gentiles? Nada menos que la salvación del mundo.

Jesús resumió la estrategia ganadora de Dios cuando expresó su deseo de que *todos sean uno...* **para que el mun-**

do crea (Juan 17: 21). Efectivamente, al decir *"todos"* se refiere a judíos y gentiles, los únicos dos grupos que existían en ese tiempo.

Además, la misma gloria que está en Jesús estará en el Nuevo Hombre. Jesús dijo: *"La gloria que me diste, yo les he dado, para que sean uno* [judíos y gentiles]*, así como nosotros somos uno"* (Juan 17: 22). Dios está a punto de hacer algo nuevo, algo renovador. Es la convergencia de judíos y gentiles en Jesús para formar un Solo Nuevo Hombre.

2

"No estamos perdidos"

ES UN MILAGRO que el pueblo judío existe todavía. Después de miles de años de persecución no debería quedar ninguno. Pero Dios dijo que mientras existan el sol, la luna y las estrellas, por lo menos un judío existirá sobre la faz de la tierra (ver Jeremías 31: 35 – 36).

Sabemos que durante su reinado milenial Jesús y sus discípulos reinarán sobre las doce tribus de Israel (Mateo 19: 28). Los antiguos rabinos creían que tres cosas deben suceder antes de que aparezca el Mesías: Primero, Israel tiene que ser restaurado como una nación judía, lo cual ocurrió en 1948. Segundo, el Templo tiene que ser reedificado en Jerusalén. Esto podría ocurrir muy rápidamente. Y tercero, las diez tribus perdidas tendrán que ser restauradas a Israel (ver Jeremías 31: 7 – 11). Hasta ahora, esto último parecía un imposible.

Pero el productor de cine Simcha Jacoboviche, un judío tradicional, leyó en Isaías 11: 11 acerca de los lugares en donde estaban esparcidas las tribus perdidas y organizó una expedición exploratoria para comprobar su existencia. No sólo las encontró exactamente donde Dios las había esparcido sino que descubrió que no habían sido asimiladas por los respectivos ambientes que las rodeaban.

Por ejemplo, encontró descendientes de la tribu de Manasés viviendo en la parte nororiental de la India. Éstos guardan el Sábado, las fiestas y las leyes judías. En el año 2000 el Ministerio del Interior de Israel otorgó la ciudadanía a los primeros cien miembros de esa tribu.

Todas las diez tribus habían sido localizadas. Pero ellos dicen: "¡Nosotros no estamos perdidos!" Muchas de esas tribus practican una forma aberrante de Judaísmo, pero todas tienen rezagos y costumbres que son parte de su herencia. Yo estoy de acuerdo con ellas y con la Palabra de Dios: no están perdidas.

Pacto de amor eterno

Dios ama a Israel e hizo con él un pacto de amor eterno que nada ni nadie puede romper. En Romanos 11: 28 – 29, Pablo afirma:

> *Así que en cuanto al evangelio, [los judíos] son enemigos por causa de vosotros [los gentiles, para que sean salvos]; pero en cuanto a la elección, son amados por causa de los padres. Porque* **irrevocables** *son los dones y el llamamiento de Dios.*

El pacto de amor de Dios con el pueblo judío es más evidente en Oseas. Dios dijo:

Cuando Israel era muchacho, yo lo amé... a los baales sacrificaban, y a los ídolos ofrecían sahumerios. Yo con todo eso enseñaba a andar al mismo Efraín [Israel], tomándole de los brazos... Con cuerdas humanas los atraje, con cuerdas de amor... y puse delante de ellos la comida. ¿Cómo podré abandonarte, oh Efraín?... Mi corazón se conmueve dentro de mí (Oseas 11: 1 – 4, 8).

Dios clama y llama a Israel, diciendo: *"Convertíos, hijos rebeldes... porque yo soy vuestro esposo... y os introduciré en Sión* [Israel]*"* (Jeremías 3: 14).

Si Dios rehusó violar su pacto de amor con su antiguo pueblo judío, aún frente a su desobediencia, imagine el amor que él tiene por su pueblo del Nuevo Pacto. Dios dice al hermano mayor (representativo del creyente gentil) en la parábola del hijo pródigo, *"Todas mis cosas son tuyas"* (Lucas 15: 31)

"No se admiten judíos"

A través de la historia, algunas personas como Amán (el personaje que describe el libro de Ester), la Reina Isabel de España y Adolfo Hitler han maldecido a los judíos. Naciones enteras se han levantado contra el pueblo judío. Esto es una realidad aún aquí en los Estados Unidos de América, "la tierra de la libertad". Recuerdo que cuando niño vi en una playa un aviso que decía: "No se admiten perros, negros ni judíos". (Aunque utilizaban otra palabra para designar a los *negros*.)

¿Cuál es el resultado de estas maldiciones? El pueblo judío como tal está ciego y sordo al mensaje del evangelio. El diablo lo ha arrinconado en una esquina. Tenemos amargura, dolor y odio en nuestros corazones. Nuestra respuesta es incomprensible. Culpamos a Dios por el Holocausto y a los cristianos por nuestra persecución. Estamos dolorosamente conscientes de la trágica historia del antisemitismo de muchos padres de la Iglesia. Aún en los judíos que amamos a Dios, estas heridas siguen abiertas en lo profundo de nuestra psiquis.

¿Cómo pueden, entonces, los creyentes cristianos alcanzar al pueblo judío con el evangelio? Uno de los métodos mejores es el de un milagro de sanidad física. El apóstol Pablo enfatiza este método en Primera de Corintios 1: 22, cuando dice: *"Los judíos demandan señal..."* Yo he dictado algunas conferencias acerca de la vida sobrenatural en las ciudades de Berlín, en Alemania y en Haifa, en Israel, y en muchos otros lugares de la antigua Unión soviética. Judíos incrédulos llenaban estos recintos y cuando presenciaron las señales sobrenaturales, gran número de ellos llegó a conocer a Jesús como Mesías.

Pero hay una forma aún mejor. Malaquías 4: 5 – 6 dice que Elías preparará el camino para el Mesías. El Espíritu que estaba en Elías vendrá sobre la Iglesia y la capacitará para que ande en el puro amor de Dios. Se levantarán muchos padres espirituales. Los cristianos gentiles llevan 2.000 años caminando con Jesús. Nosotros los judíos estamos incompletos sin ustedes. Su misión es revelar el amor de Padre celestial *a los judíos primero,* y después al mundo entero (ver el capítulo 10). Sólo la compasión de Dios el Padre borrará la herida que hay en los corazones judíos.

Estar al lado del pueblo judío

Los judíos son la gente más hambrienta de amor que hay sobre la faz de la tierra. Generalmente han sufrido abuso, han sido incomprendidos, perseguidos, discriminados y asesinados. Tenemos un pacto con Dios, pero la mayoría de judíos no conoce a Dios y el resultado es que mucha de mi gente se encuentra en la vanguardia de posiciones antibíblicas, apoyando movimientos a favor del aborto, del homosexualismo y de la Nueva era, además de oponerse a la oración en las escuelas.

Pero, aún en nuestro estado de separación de Dios por causa del pecado, las bendiciones divinas reposan todavía sobre nosotros. *"Porque* **irrevocables** *son los dones y el llamamiento de Dios"* (Romanos 11: 29).

El escritor Robert Heidler afirma que: "Ya sea en el campo de la música, el arte, el entretenimiento, los negocios o la ciencia, los judíos han influenciado nuestras vidas y nuestra cultura como ningún otro grupo étnico de tamaño similar. Nombres como Albert Einstein, Carl Sagan, Isaac Asimov, Arthur Miller, Alan Greespan, Rogers y Hammerstein, e Irving Berlin, son familiares en nuestro vocabulario americano, pero la mayoría de nosotros no se detiene a pensar que todos estos íconos estadounidenses son judíos. [1] En su libro *The Jewish Phenomenon* [El Fenómeno Judío], Steven Silberger anota que el 20 por ciento de profesores de las principales universidades de los Estados Unidos y el 25 por ciento de los estadounidenses ganadores del premio Nóbel, son judíos. [2] El apóstol Pablo dice que *Si su transgresión* [la de los judíos] *es la riqueza del mundo, y su defección la riqueza de los gentiles, ¿cuánto más su plena restauración?* (Romanos 11: 12).

La estrategia del diablo es utilizar los casos de algunos judíos opositores de Dios para hacer que los cristianos nominales se unan a los incrédulos en su odio hacia *todos* los judíos. El mundo y los cristianos *nominales* [cristianos que lo son sólo de nombre] odian también a los creyentes cristianos genuinos. Primero los odian por apoyar a los judíos, luego los odiarán por acoger al Mesías judío. Primero lo natural, luego lo espiritual. Los cristianos deben atender la advertencia que Mardoqueo hizo a la reina Ester:

---

1. Robert D. Heidler, *"The Mesianic Church: Discovering Our Lost Inheritance"*, unpublished manuscript, 2000, p. 12. ["La Iglesia Mesiánica: Descubramos Nuestra Herencia Perdida] documento no publicado todavía. Heidler se refiere a la fuente siguiente: Steven Silberger, *The Jewish Phenomenon: Seven Keys to the Enduring Wealth of a People* [El Fenómeno Judío: Siete Claves de la Duradera Riqueza de un Pueblo], Atlanta: Longstreet Press, 2000, p. 2.

2. Silberger, p. 4, tal como lo cita Heidler, p. 12.

> *Entonces dijo Mardoqueo que respondiesen a Ester:*
> *No pienses que escaparás en la casa del rey más*
> *que cualquier otro judío. Porque si callas absoluta-*
> *mente en este tiempo, respiro y liberación vendrá de*
> *alguna otra parte para los judíos; mas tú y la casa*
> *de tu padre pereceréis... (Ester 4: 13 – 14).*

Estar al lado de los judíos no es una decisión popular, pero "Si Dios es por nosotros, ¿quién contra nosotros?" (ver Romanos 8: 31). Dios tiene fe en usted. Con amor y paciencia espera que esta última generación demuestre lo que él dijo en Isaías 49: 22 – 23:

> *Así dijo Dios el Señor: He aquí, yo tenderé mi mano*
> *a las naciones [gentiles], y a los pueblos levantaré*
> *mi bandera; y traerán en brazos a tus hijos [los ju-*
> *díos], y tus hijas serán traídas en hombros. Reyes*
> *serán tus ayos, y sus reinas tus nodrizas; con el ros-*
> *tro inclinado a tierra te adorarán, y lamerán el pol-*
> *vo de tus pies; y conocerás que yo soy el Señor..."*

El pueblo judío conocerá que Jesús es el Mesías cuando todos los creyentes cristianos (reyes y reinas en el Reino de Dios) empiecen a actuar como sus discípulos (sometiéndose al señorío de Jesús) y dejando de actuar como el mundo. El mundo los odiará, pero las multitudes que estarán en el cielo por causa de su obediencia a los mandamientos de Dios, les darán la bienvenida.

3

La conspiración rabínica

UN AMIGO MÍO, pastor de una iglesia carismática, tuvo una experiencia sobrenatural cuando visitó la Gran Sinagoga de Jerusalén. Mientras estaba orando oyó la voz del Señor Jesucristo que le dijo: "Yo me siento más en casa en este recinto que en tu iglesia."

Aunque muchos creyentes gentiles anhelan una relación más profunda con Dios, nunca reconocen que están pasando por alto su herencia bíblica judía. ¿Agregar el Judaísmo a nuestro dogma actual podría ser la solución? No. Diciéndolo llanamente, el Judaísmo Rabínico se ha alejado del Judaísmo bíblico. La tradición en la Iglesia quizás ha aislado a los cristianos de sus raíces judías y les ha impedido disfrutar plenamente de la intimidad y el poder de Dios (véase el capítulo 12), pero la tradición de los rabinos ha separado al pueblo judío de su Mesías.

Mientras el diablo estaba engañando a los líderes de la Iglesia con ideas de antisemitismo, también estaba corrompiendo la autoridad de las Escrituras en el Judaísmo. Ambos grupos creyeron la gran mentira: no se puede ser judío y creer en Jesús. La fórmula fue sencilla: otorgar a los rabinos autoridad *sobre* las Escrituras, remover a Jesús del Judaísmo, y separar a los cristianos de los judíos. Ello detendría el derramamiento de la gloria de Dios. El avivamiento pleno abortó.

Un Judaísmo "reempacado"

Miremos cómo el judaísmo rabínico ha tratado de excluir a Jesús. En la Gran Revuelta de los celotes judíos contra el dominio romano (entre los años 66 a 70 después de Cristo), un millón de judíos fueron asesinados y el templo de Jerusalén fue destruido. Después Yohanan ben Zakkai se empeñó en reconstruir el Judaísmo en Yavne, a lo largo de la costa de Israel. ¿Por qué era necesario? Porque el templo ya no existía y ellos habían rechazado al Mesías de Dios, el sacrificio que fue hecho una vez y para siempre. La Torá (los cinco primeros libros del Antiguo Testamento) dice claramente que sin derramamiento de sangre no hay remisión de pecados (ver Levítico 17: 11). En vez de aceptar la verdad de que el sacrificio de animales era una sombra o figura del máximo Cordero Pascual –el Mesías– quien limpiaría todos los pecados, Ben Zakkai y sus seguidores inventaron una nueva religión sin sangre: el Judaísmo rabínico. La siguiente historia ilustra el cambio dramático que ocurrió al interior del Judaísmo:

Cuando Rabban Yohanan ben Zakkai regresó, el rabí Joshua lo siguió y contempló el templo en ruinas.

"¡Ay de nosotros! –exclamó–. ¡Este lugar en donde las iniquidades de Israel eran expiadas yace ahora en ruinas!"

"No te aflijas, hijo, –le dijo Rabban Yohanan–. Tenemos una expiación tan efectiva como la otra: el "acto de amor y bondad", tal como está escrito *"Porque misericordia quiero, y no sacrificio"* [Oseas 6: 6], (Avot de Rabbí Natan 4: 18) [1]

Poco antes de morir ben Zakkai se dio cuenta de que no tenía seguridad de la vida eterna. En su lecho de muerte dijo: "Tengo ante mí dos caminos: uno al Paraíso y otro a la Gehena (el infierno), y no sé si Dios me condenará a la Gehena o me admitirá en el Paraíso" (*Tractate Berachot 28b*). Un famoso Rabino dijo una vez: *"Si el ciego guiare al ciego, ambos caerán en el hoyo"* (ver Mateo 15: 14).

El rabino Akiba ben Joseph estudió las enseñanzas de Yohanan ben Zakkai en Yavne y continuó edificando sabiduría sobre su fundamento. Creó la estructura del Talmud, el cual es una declaración de autoridad rabínica. Aunque éste contiene una gran cantidad de sabiduría y de piadosa enseñanza, uno de los objetivos principales de sus autores fue evitar que los judíos creyeran en el Mesías Jesús. Distorsionaron muchas de las interpretaciones mesiánicas

---

1. Kevin Howard y Marvin Rosenthal, *The Feasts of the Lord* [Las Fiestas del Señor], Nashville: Thomas Nelson Publishers, 1997, 126.

de las Escrituras judías. Existe una clara evidencia de que antes de que Jesús viniera a la tierra, el pueblo judío estaba esperando al Mesías e interpretaba las profecías mesiánicas sin ningún sesgo o desviación.

Hoy los rabinos afirman que el Talmud, o la Ley Oral, vino de Dios al mismo tiempo en que la Ley Escrita fue dada a Moisés en el Monte Sinaí. Pero eso no es cierto. Aún en el primer siglo los líderes judíos no afirmaban que la ley rabínica hubiera sido recibida en el Sinaí. Más bien hablaban de "tradiciones orales". La Biblia judía, los Rollos del Mar Muerto, y el historiador judío Flavio Josefo (año 93 d. C.), ni siquiera mencionan una ley oral.

El método de interpretación de la Escritura empleado por Akiba y sus seguidores rechazaba las reglas de la gramática y de la llana lógica. El escritor Dan Gruber, dice: "A veces los rabinos eran totalmente incapaces de leer sus enseñanzas dentro del contexto de las Escrituras, de modo que sencillamente anularon los decretos de la Torá [los primeros cinco libros del Antiguo Pacto]". [2] Proclamaron que la autoridad rabínica estaba por encima de las Escrituras. [3] El Talmud dice en uno de sus apartes: "Hijo mío, presta más atención a las palabras

---

2. Dan Gruber, *Rabbi Akiba´s Messiah* [El Mesías del Rabí Akiba] (Hanover, NH: Elija Publishing, 1999), 80. El libro de Gruber nos suministra una excelente historia de los orígenes del Judaísmo Rabínico.

3. Ibid.

de los Escribas que a las del Torá" (*Tractate Erubin 21b*). [4]
El objetivo de Akiba fue poner al pueblo judío bajo el dominio de los rabinos.

El Talmud dice incluso que si una voz de los cielos contradice a la mayoría de los rabinos, lo correcto es lo que éstos enseñan. [5] En otras palabras, a nadie le está permitido
contradecir la autoridad de los rabinos, ¡ni siquiera a Dios
mismo! No sorprende, pues, considerando algunos facto-
res como la persecución de la Iglesia, la falta de milagros y
de poder sobrenatural en el cristianismo y la conspiración
rabínica, que el pueblo judío no conozca la verdad acerca
de Jesús.

Una secta del judaísmo creó esta nueva doctrina rabínica, pero es importante entender que en el tiempo de
la primera venida de Jesús existían *tres* sectas judías principales: los Fariseos, los Saduceos y los Esenios, los cuales
tenían profundas diferencias con respecto a los asuntos
teológicos del judaísmo.

Hoy estamos más familiarizados con el punto de vista de los Fariseos. Éstos no creían en la naturaleza trina
de Dios y afirmaban que la Palabra de Dios estaba en las

---

4. Citado en J. M. Baumgarten, *"The Unwritten Law in the Pre-Rabbinic Period"*,
    Journal for the Study of Judaism in the Persian, Hellenistic and Roman Period
    ["La Ley No Escrita, en el Período Pre-rabínico", "Diario para el Estudio del
    Judaísmo en los Períodos Persa, Helénico y Romano"] 3 (Octubre de 1972):
    23, citado en Gruber, 107.

5. Ron Cantor, *I Am Not Ashamed* [No Me Avergüenzo] (Gaithersburg,
    Maryland: Tikkun International, 1999), 140 – 141.

Escrituras del Antiguo Pacto (Tenach) y las tradiciones orales. Esperaban un Mesías que traería la verdadera paz y gobernaría el mundo. Los Fariseos son los padres del judaísmo rabínico moderno.

Los Saduceos solamente aceptaban los cinco primeros libros del Antiguo Testamento (la Torá) como auténticos y de obligatoria obediencia. Rechazaban la idea de la resurrección de los muertos y la existencia de los ángeles. Prestaban más atención a los asuntos políticos que a los religiosos.

Los Esenios eran la secta más grande durante el ministerio terrenal de Jesús. La mayoría de los seguidores de Jesús provino de esta secta. ¿La razón? Los Rollos del Mar Muerto nos cuentan que creían en la naturaleza trina de Dios. Aceptaban todo el Tenach (Antiguo Pacto) como verdadero y rechazaban la Ley Oral. Esperaban también la aparición de un Mesías redentor. El escritor mesiánico doctor Raymond Robert Fischer, anota: "Solamente los Esenios tenían una clara comprensión de la [*Mashiyach*] absoluta divinidad del Mesías, de su preciso propósito sacrificial, de su linaje davídico y de la escatología del tiempo de su venida.[6] Al entender lo que eran y creían los Esenios vemos que Jesús el Mesías era la plenitud de sus expectativas, no el fundador de una nueva religión gentil.

---

6. Ibid., 142.

¿Quién es el Mesías?

En los tiempos modernos los rabinos han pasado por alto dos de los acontecimientos más importantes que han ocurrido al pueblo judío en los últimos 2.000 años. El escritor judío mesiánico Ron Cantor anota que muchos rabinos se opusieron inicialmente a la creación del Estado de Israel como una nación judía moderna. "De hecho, muchos rabinos de Jerusalén estaban del lado de los árabes en su esfuerzo por evitar que esto ocurriera. Creían que solamente el Mesías podía establecer un estado judío".[7] También se oponían con vehemencia a los planes de Eliécer Ben Yehuda, a finales del 1800, de restaurar el idioma hebreo como el idioma nacional de los judíos. Cantor anota que "si era tan claro para los rabinos que tanto el estado judío como el idioma hebreo eran sueños de falsos profetas, y estaban equivocados, también era posible que pasaran por alto el evento singular más importante del judaísmo: la venida del Mesías".[8]

¿Habla Isaías 53 de Jesús?

Aunque el capítulo 53 de Isaías hace parte de las Escrituras aceptadas por los judíos (la Tenach) no se lee regularmente

---

7. Si desea conocer comentarios de los Rabíes anteriores a Yeshua y las opiniones revisionistas de los Rabíes modernos sobre las principales profecías mesiánicas, lea *The End of History, Messiah Conspiracy* [El Fin de la Historia, Conspiración del Mesías] (Atlanta: Ramshead Press International, 1996).

8. Ibid.,

en las sinagogas. Isaías hizo esta profecía siete siglos antes de que Jesús naciera. Al no leer este pasaje en las sinagogas los judíos pasan por alto la más gráfica descripción de Jesús en sus escrituras:

> *¿Quién ha creído a nuestro anuncio? ¿y sobre quién se ha manifestado el brazo del Señor? Subirá cual renuevo delante de él, y como raíz de tierra seca; no hay parecer en él, ni hermosura; le veremos, mas sin atractivo para que le deseemos. Despreciado y desechado entre los hombres, varón de dolores, experimentado en quebranto; y como que escondimos de él el rostro, fue menospreciado, y no lo estimamos.*
>
> *Ciertamente llevó él nuestras enfermedades, y sufrió nuestros dolores; y nosotros le tuvimos por azotado, por herido de Dios y abatido. Mas él herido fue por nuestras rebeliones, molido por nuestros pecados; el castigo de nuestra paz fue sobre él, y por su llaga fuimos nosotros curados. Todos nosotros nos descarriamos como ovejas, cada cual se apartó por su camino; mas el Señor cargó en él el pecado de todos nosotros. (Isaías 53: 1 – 6)*

Cuando leo este pasaje a los rabinos, algunos dicen que no son suficientemente santos y deben leer lo que otros rabinos del pasado han dicho acerca de él. Pero nunca retroceden lo suficiente y se limitan a consultar a los rabinos posteriores a Jesús, los mismos que distorsionaron las Escrituras mesiánicas. Los rabinos anteriores a Jesús no estaban prejuiciados y vieron la importancia mesiánica de este pasaje.[9] Otros tratan de hacerlo aparecer como si el profeta estuviera hablando de Israel, no de Jesús. Pero Isaías 53: 8 – 9 dice que quien moriría por los pecados del mundo no tendría pecados propios. Entonces no podía ser Israel. Hay numerosos pasajes de la Escritura en donde los profetas señalan los pecados de Israel. Ninguna nación está limpia de pecado delante de Dios. Cuando mi propio padre, judío ortodoxo, leyó Isaías 53, supo inmediatamente que el profeta estaba describiendo a Jesús, a pesar de que toda la vida le enseñaron que Jesús *no* era el Mesías judío.

Piénselo usted

Dios se aseguró de que pudiéramos reconocer al Mesías dándonos, a través de los profetas de Israel, alrededor de 300 señales distintivas de su identidad. Además del pasaje de Isaías 53 citado anteriormente, hay otras cuantas profecías sobre el Mesías en las Escrituras judías. Por favor, tome un momento para leerlas y fórmese su propia opinión.

Jeremías predijo un nuevo pacto que borraría los pecados y que nos permitiría conocer o tener intimidad con Dios. *"He aquí que vienen días, dice el Señor, en los cuales haré nuevo pacto con la casa de Israel y con la casa de Judá, y no me acordaré más de su pecado"* (Jeremías 31: 31, 34).

---

9.   Para los comentarios de los rabinos antes de Yeshua y los puntos de vista revisionista de los rabinos modernos sobre las profecías mayores Mesiánicas, leer Philip Moore, The End of History (El fin de la Historia), Messiah Conspiracy (Conspiración del Mesías) [Atlanta: Ramshead Press International, 1996]

Las Escrituras judías también nos dicen que el Mesías nacería en Belén.

> *Pero tú, Belén Efrata, pequeña para estar entre las familias de Judá, de ti me saldrá el que será Señor en Israel; y sus salidas son desde el principio, desde los días de la eternidad (Miqueas 5: 2).*

Sería del linaje y de la familia de David. *"He aquí que vienen días, dice el Señor, en que levantaré a David renuevo justo... y este será su nombre con el cual le llamarán: el Señor, justicia nuestra"* (Jeremías 23: 5 – 6).

Los gentiles también lo seguirían. *"Acontecerá en aquel tiempo que la raíz de Isaí, la cual estará puesta por pendón a los pueblos, será buscada por las gentes; y su habitación será gloriosa"* (Isaías 11: 10).

Moriría *antes* de que el segundo templo fuese destruido. *"Y después de las sesenta y dos semanas se quitará la vida al Mesías, mas no por sí; y el pueblo de un príncipe que ha de venir destruirá la ciudad* [de Jerusalén] *y el santuario"* (Daniel 9: 26).

También se levantaría de entre los muertos. *"Porque no dejarás mi alma en el Seol, ni permitirás que tu santo vea corrupción"* (Salmo 16: 10).

Siendo que el templo fue destruido en el año 70 d. C., ¡el Mesías tuvo que haber venido, muerto y resucitado antes de ese año! ¿Conoce usted a otra persona que sea descendiente del Rey David, que haya nacido en Belén, a quien hayan seguido los gentiles, que haya sido sacrificada por nuestros pecados y que haya resucitado de los muertos antes de la destrucción del segundo templo?

Siendo que Dios proveyó la sangre de la expiación mediante el sacrificio del Mesías Jesús, debemos arrepentirnos (admitir que hemos pecado y volvernos de nuestra injusticia) y pedir el perdón en el nombre de Jesús. Toda persona debe hacer esta oración en voz alta:

> *Mesías Jesús: admito que he pecado. Creo que tú has provisto la sangre de la expiación para mí. Con tu ayuda me aparto de mis pecados. Te recibo en este momento como mi Mesías y mi Señor. Gracias por darme shalom [paz] con Dios.*

4

◇◇◇

¿Quién es Israel?

MI AMIGO, el ya fallecido doctor Derek Prince escribió lo siguiente: "Incomprensión, ignorancia y distorsión casi sin límites en cuanto a la identidad de Israel han proliferado en la Iglesia durante muchos siglos. Esta afirmación me parece extraordinaria por cuanto las declaraciones que contiene la Biblia acerca de Israel son demasiado claras. No obstante, las mentes de multitud de cristianos parecen estar nubladas en relación con el nombre de Israel" [1] El doctor Prince dijo también que un cristiano que no tiene un amor particular por Israel y los judíos es "deficiente" e "incompleto". [2]

---

1. Derek Prince, *Prophetic Destinies* [Destinos Proféticos] (Altamonte Springs, Florida: Creation House, 1992), 13.

2. Derek Prince, prólogo a *Time Is Running Short* [El Tiempo Se Agota] por Sid Roth (Shippensburg, PA: Destiny Image Publishers, 1990).

De manera que, ¿quién es Israel? ¿Vendieron los judíos
su primogenitura a los cristianos, tal como lo hiciera Esaú
con Jacob? En la perspectiva de Dios ¿ha reemplazado o sus-
tituido la Iglesia cristiana a los judíos? Difícilmente. Esta
errónea teología conocida como la *Teología de la Sustitución*
está cegando a muchos y apartándolos de la verdad.

¿Qué es la Teología de la Sustitución?

La creencia sustancial de la teología de la sustitución es
que la Iglesia reemplazó a Israel y al pueblo judío en los
planes de Dios. Afirma que todas las promesas hechas a
Israel y a los judíos pertenecen ahora exclusivamente a la
Iglesia. En otras palabras, la Iglesia obtiene todas las bendiciones que realmente pertenecen a los judíos.

En 1948, el corazón de muchos que la habían acogido
cambió cuando el Estado de Israel fue restablecido. Se die-
ron cuenta de que las promesas de Dios tenían un significado tanto literal como espiritual. Él nunca dio marcha
atrás en relación con sus promesas a la nación física de
Israel. El apóstol Pablo lo expresó de esta manera: *"Porque
irrevocables son los dones y el llamamiento de Dios"* (Romanos 11: 29). El profeta Jeremías escribió al respecto: *"Así ha
dicho el Señor: Si los cielos arriba se pueden medir, y explorarse
abajo los fundamentos de la tierra, también yo desecharé toda
la descendencia de Israel por todo lo que hicieron, dice el Señor"*
(Jeremías 31: 37). Si Dios es confiable respecto a sus promesas al pueblo judío, ¡lo es en cuanto a las promesas que
ha hecho a la Iglesia!

¿Por qué no puede la Iglesia ser el "Nuevo Israel"?

Una lectura cuidadosa de Romanos 9 – 11 responde este interrogante. Por ejemplo, Romanos 11: 28 habla de Israel. Hay quienes dicen ahora que se refiere a la Iglesia, la cual ha reemplazado a Israel. Insertemos la palabra *Iglesia* en vez del nombre *Israel,* y veamos cómo queda: *"Así que en cuanto al evangelio,* [la Iglesia] *son* [es] *enemigos* [enemiga] *por causa de vosotros; pero en cuanto a la elección, son amados* [la Iglesia] *por causa de los padres"* (Romanos 11: 28). La Iglesia no es enemiga de Dios, ni es amada por las promesas hechas a los padres Abraham, Isaac y Jacob. Es el pueblo judío el amado por causa de las promesas hechas a los padres judíos. Obviamente, la Iglesia no ha reemplazado a Israel.

Para comprender mejor Romanos 11: 28 – 29, vayamos a una versión moderna *The Message* [El Mensaje]:

> *Al oír y acoger las buenas nuevas del Mensaje, desde su punto de vista parecería como si los Judíos fueran enemigos de Dios. Pero mirados desde una perspectiva de más largo alcance, la perspectiva de Dios respecto a todos sus propósitos, ellos siguen siendo sus más viejos amigos. Los dones y el llamamiento de Dios nunca han sido cancelados ni rescindidos, y permanecen bajo una total garantía.*

El propósito de Dios fue alcanzar a sus amados –los judíos– primero, y luego a los gentiles. El pueblo judío es amado por siempre por causa de las promesas que Dios hizo a los padres judíos.

¿Podría ser que los nombres *Judío* o *Israel* se refieran en alguna parte de la Escritura a la Iglesia? El término *Judío*, o *Judíos*, se encuentra 190 veces en el Nuevo Testamento y obviamente en todas ellas se refiere al pueblo judío, nunca a los cristianos gentiles. Las 77 menciones de *Israel* siempre se refieren a la tierra de Israel o al pueblo judío.

Entonces, ¿qué significa la frase de Gálatas 3: 28 en cuanto a que *"...ya no hay Judío ni Griego?"* ¿No significa eso que ya no existe un llamamiento o rol especial del pueblo judío? El versículo sigue diciendo que "ya no hay varón ni mujer". Pablo está afirmando que en Yeshua todos somos una nueva creación, el cuerpo del Mesías. Pero mientras esta tierra exista en su forma natural, habrá varones y mujeres, y judíos y gentiles. Aunque llegamos a ser una nueva creación en el Mesías, conservamos nuestro género e identidad étnica. Por eso es que Santiago pudo dirigir su carta a las doce tribus (de Israel). Él todavía vio a los creyentes judíos como Israelitas. En Romanos 9: 4 Pablo incluso llama "Israelitas" a los judíos que rechazaron al Mesías y se refiere a sí mismo como judío, aún después de haberse convertido en cristiano (ver Hechos 21: 39). Aunque todos somos iguales, la Biblia asigna diferentes roles a los varones y a las mujeres, lo mismo que a judíos y gentiles.

Aunque la evidencia en contra de la Teología de la Sustitución es clara y concluyente, hay otras versiones o híbridos de esa enseñanza que pueden ser de más difícil ubicación.

¿Qué es la Teología de los Dos Pactos?

Muchas personas que aman a los judíos no pueden aceptar que los que no creen en Jesús serán separados eternamente de Dios. Creen que los judíos tienen un pacto con Dios que elimina la necesidad de creer en Jesús. A esta se le llama la *Teología de los Dos Pactos*. Pero esto no es cierto. El Pacto Mosaico exige el sacrificio de un animal *en el templo* para el perdón del pecado. (Véase Levítico 1: 5; 17: 11.) Como el templo no existe, no puede haber derramamiento de sangre para la expiación de los pecados. Hebreos 9: 22, dice: *"Sin derramamiento de sangre **no se hace remisión** [por el pecado]"*. Jesús murió –una vez y para siempre– y se levantó otra vez. Él pagó el precio máximo al derramar su propia sangre. Por lo tanto, él es el único camino de salvación (ver Juan 14: 6).

Siendo que no hay sacrificio de animales, ¿no aceptará Dios el sólo arrepentimiento de un judío bueno y tradicional? No. Hechos 4: 12 declara en cuanto a la creencia en Jesús que *"no hay otro nombre bajo el cielo dado a los hombres en que podamos ser salvos"*.

En Romanos 11: 26 Pablo dice que *"todo Israel será salvo"*. Entonces, ¿para qué testificarle al pueblo judío?

Muchos judíos morirán sin conocer a Dios *antes* de su día nacional de visitación. Solamente quienes estén *vivos* en Israel en ese tiempo serán rescatados.

¿Qué es la Teología de las Dos Casas?

Hay una versión aún más sutil de la Teología de la Sustitución y se le llama la *Teología de las Dos Casas*. Ésta se basa en la creencia de que las diez tribus del *norte* de Israel están perdidas entre las naciones. Los proponentes de tal versión creen que cualquier cristiano gentil que obedece la Torá (los cinco primeros libros del antiguo Pacto) hace parte de estas tribus perdidas. [3] Incluso se llaman a sí mismos "Israel" o "Efraín". Dicen, además, que el pueblo que se identifica como judío en el día de hoy realmente desciende de la tribu de Judá (una de las tribus del *sur*).

Sin embargo, el hecho de que un cristiano gentil tenga corazón para obedecer la Torá no lo convierte en un judío

---

3. A través de los años algunos estudiosos han objetado que yo use el término "cristiano gentil". He conocido a muchos cristianos que se avergüenzan de su herencia gentil y desearían ser judíos. Algunos creen que la palabra *gentil* es incluso despectiva. Aunque ésta a veces se asocia con los "paganos", su significado es "las demás naciones" o los "no judíos", es decir, un grupo humano diferente. Hay gentiles buenos y gentiles malos, así como hay buenos y malos judíos. Además, Pablo no hubiera llamado "gentiles" a los creyentes no judíos si este nombre fuera un insulto. (Véase Romanos 11: 13; 16: 4; y Gálatas 2: 12, 14).

¿Debemos permitir que los incrédulos definan nuestra identidad? Aunque en Yeshua soy nueva criatura, yo no me avergüenzo de mi herencia judía. Y si fuera gentil no me avergonzaría tampoco de mi herencia gentil, por el contrario, me sentiría orgulloso de mi identidad. Nuestra *herencia* es judía o gentil, ¡pero nuestra *identidad* está en Yeshua!

étnico. Muchos cristianos tienen en su linaje sangre judía. Pero esto tampoco los hace necesariamente judíos. Cinco generaciones atrás en mi familia tengo un antepasado de Irlanda, pero no por eso soy irlandés. Además, las "tribus perdidas" no están perdidas (ver el capítulo 2). Algunos investigadores han identificado representantes vivos de todas las tribus de Israel.

La *Teología de las Dos Casas* también se basa en una interpretación más alegórica que literal de la Escritura. Pero no tenemos el derecho de espiritualizar la Palabra de Dios si nuestra interpretación contradice el significado literal.

Empecemos con definiciones sencillas. La palabra o el nombre de *Hebreo* se utilizó por primera vez para identificar la familia de Abram [o Abraham] (ver Génesis 14: 13). Fue Jacob, el nieto de Abraham, quien fue llamado primero *Israel* después de haber luchado con Dios (ver Génesis 32: 28). Posteriormente la nación de Israel se dividió en dos: Judá y Benjamín, las tribus del sur, y las diez tribus del norte. Un *Judío* es literalmente un descendiente *biológico* de la tribu de Judá, mientras que un *Israelita* es descendiente *biológico* de las diez tribus del norte. No obstante, en Ezequiel 37: 16 Dios llama "Israel" tanto a Judá como a Efraín, (las diez tribus del norte).

Hoy, la palabra *Judío* se utiliza para identificar a todos los que son simiente biológica de Abraham a través de su hijo Isaac. El apóstol Pablo, quien era descendiente de la tribu de Benjamín se llamó a sí mismo judío, israelita y hebreo (ver Hechos 21: 39; Romanos 11: 1 y Filipenses 3: 5), demostrando que los tres términos se utilizan como sinónimos. ¿Por qué se llamó a sí mismo israelita si Israel estaba perdido entre los gentiles? Santiago también sabía que las tribus existían y que no habían sido totalmente asimiladas por las naciones. Al comienzo de su carta (Santiago 1: 1), se dirige *a las doce tribus que están en la dispersión...*.

Los términos *Judío* e *Israel* se usan indistintamente a través del Nuevo Pacto. Aunque el reino del norte de Israel fue destruido en el año 749 a. C., representantes de todas las doce tribus siguen viviendo en la tierra de Israel, y todas ellas fueron llamadas *Israel*.

Los seguidores de la *Teología de las Dos Casas* aman al pueblo judío pero llevan demasiado lejos la verdad espiritual de que judíos y gentiles constituirán *Un Solo Nuevo Hombre*. Ellos están tratando de convertirse en el Israel *biológico* como si esto les diera un lugar especial en el Reino de Dios, pero están equivocados. La posición especial en el Reino es para un hijo de Dios.

La gran controversia

Cuando un cristiano mira a un judío, piensa: "No veo nada cristiano en ti".

Y cuando el judío mira al cristiano, piensa: "No veo nada judío en ti".

Los rabinos dicen: "No puedes ser judío y creer en Jesús". Y muchos cristianos piensan igual.

¿Cómo es que el Mesías judío, del cual profetizaron los profetas judíos, en las Escrituras judías, que vino "solamente" al pueblo judío (Mateo 15: 24) llegó a ser *gentil*? Los primeros seguidores de Jesús fueron judíos. La única Biblia que tenían eran las Escrituras judías. La primera iglesia celebraba las festividades judías, adoraba en las sinagogas tradicionales judías, y fue (dentro del judaísmo) una secta que creía que Jesús era el Mesías judío.

La gran controversia en el Concilio de Jerusalén, que se menciona en Hechos 15: 6 – 21, fue si los gentiles debían convertirse en judíos para ser salvos. La conclusión fue que no. Hoy la gran pregunta es si los judíos tienen que llegar a ser gentiles para ser salvos. Tampoco tienen que hacerlo.

El judío primero

La Iglesia del primer siglo, que era toda judía, se dedicó a alcanzar primero al judío. Yo llamo a esto la *Ley de la Evangelización,* la cual discutiremos en mayor detalle en el capítulo 10. Dios estableció este patrón cuando fue a Abraham, el primer judío, a fin de alcanzar a todas las familias de la tierra (ver Génesis 12: 3). Jesús dijo a sus primeros discípulos que fueran *"antes a las ovejas perdidas de la casa de Israel"* (Mateo 10: 5 – 6). Y Pablo dijo en Romanos 1: 16 que el evangelio es *"para el Judío primero"*. Aunque Pablo fue el apóstol de los gentiles, él siempre fue primero a los judíos. Pero a medida que la Iglesia se esparció en el mundo no judío se hizo culturalmente más gentil. Finalmente los gentiles superaron en número a los creyentes judíos y luego se desecharon las raíces judías de la Iglesia.

Jaque mate al diablo

La restauración del pueblo judío dentro del cuerpo del Mesías es la clave para el avivamiento mundial. En la reunión del Concilio de Jerusalén descrito en Hechos 15, Jacobo citó las palabras del profeta Amós: *"Reedificaré el tabernáculo de David...para que el resto de los hombres busquen al Señor, y todos los gentiles sobre los cuales es invocado mi nombre"* (Hechos 15: 16 – 17). La palabra *tabernáculo* puede traducirse como "casa" o "familia". ¿Qué quiere decir aquí el profeta Amós? Que cuando la familia de David (el pueblo judío) sea restaurada (insertada de nuevo en su propio olivo), habrá un avivamiento entre los gentiles. Y este no será como cualquier otro avivamiento. Amós lo comparó con una producción de cosechas de la tierra, tan rápida que *"el que ara alcanzará al segador"* (Amós 9: 13). Nunca ha habido en la historia tiempo como este. La cosecha de almas será tan grande que los templos e iglesias no serán suficientes para albergarlas.

Ahora usted puede entender el corazón de Dios en este momento de la historia. Ahora puede ver por qué tantos cristianos gentiles están interesados en las raíces judías de su fe. El Espíritu de Dios está comunicando esta revelación a la Iglesia en todo el mundo. Cuando el judío sea salvo, no solamente abrirá una puerta sobrenatural para que un gran número de gentiles sean salvos sino que declarará un jaque mate para el diablo: el regreso de Jesús (ver Mateo 23: 39).

Para que el pueblo judío desee lo que nosotros (la Iglesia) tenemos, debemos recuperar tres ingredientes claves en la vida de la Iglesia. El primero es una verdadera intimidad con Dios. Todo el culto y el ministerio fluyen de esta intimidad, no de la tradición. El segundo es que todos los creyentes, aún los que tienen la fe más pequeña, se muevan en el amor sobrenatural y el poder milagroso de Dios. El tercer ingrediente será la gozosa celebración de las fiestas bíblicas. Adán disfrutó la más pura comunión con Dios antes de que el pecado trajera separación y muerte. Jesús, el segundo Adán, vino para restaurar lo que se había perdido. Dios desea tener con nosotros la misma intimidad que tuvo con Adán antes de la caída. Incluso ha establecido citas para encontrarse con nosotros.

Mis citas o encuentros

Dios dijo en Levítico 23: 2: *"Habla a los hijos de Israel y diles: Las fiestas solemnes del Señor, las cuales proclamaréis como santas convocaciones, serán estas"*. En el idioma hebreo la palabra traducida como *fiestas* significa "citas" o "encuentros" y la palabra traducida como *convocaciones* significa ensayos o representaciones. Estos encuentros (fiestas) con Dios no son solamente citas judías o citas bíblicas; Dios las llama también **sus convocaciones.**

Hay siete encuentros específicos en que Dios promete reunirse con nosotros. Los primeros cuatro fueron los ensayos o representaciones de su Primera Venida y del derramamiento del Espíritu Santo. Y creo que los dos siguientes son los de su Segunda Venida. El séptimo, la fiesta de los tabernáculos, es una representación del reinado milenial de Jesús sobre la tierra. Si uno hubiera asistido a una representación (convocación) de su primera venida, antes de que ocurriera, no se la hubiera perdido. Ocurre lo mismo en nuestros días. Celebrar las representaciones (convocaciones) nos ayudará a prepararnos para su regreso.

En el evangelio de Juan, 660 de los 879 versículos están directamente relacionados con hechos que ocurrieron en las fiestas. ¿Cómo puede usted entender los evangelios si no entiende el significado de las fiestas? Por supuesto, nunca debemos permitir que un espíritu de religiosidad nos haga esclavos de estas representaciones. Su observancia no es un asunto de justicia o de salvación sino de bendición. Isaías 58: 13 – 14 promete que quienes guarden el Sábado serán tan bendecidos que "Dios los hará subir sobre las alturas de la tierra". Celebrar las fiestas no es algo obligatorio sino más bien deseable.

Dios dice que si bendecimos a los judíos seremos bendecidos (ver Génesis 12: 3). ¿Qué mejor manera de hacerlo que invitar al pueblo judío a las grandes celebraciones a través de las cuales Dios promete por escrito que estará con nosotros? La razón por la que la gloria de Dios será "derramada" es que tendremos intimidad con él al rendirnos y someternos completamente a su Espíritu. Nuestra celebración de las fiestas será diferente todos los años. Desecharemos nuestro programa para acoger el de Dios. (Véase el capítulo 9 para tener ideas sobre la manera de celebrar las fiestas.)

Preparemos el camino

El apóstol Pablo escribió: *"Los Judíos demandan señal... [o milagro]"* (1ª de Corintios 1: 22). Cuando practiquemos estas celebraciones con la revelación y la gloria del Espíritu Santo ocurrirán milagros que provocarán a celos a los judíos. Entonces será finalmente respondida la oración de Jesús registrada en Juan 17: 21 – 22. Él pidió al Padre que judíos y gentiles llegaran a ser uno solo. Los judíos serán insertados de nuevo en su propio olivo, y él dijo que esta unión de judíos y gentiles hará que el mundo crea.

Jesús no regresará por una "Novia" fracturada e impotente. Cuando el Cuerpo del Mesías (la Iglesia) sea restaurado, haremos las mismas obras que Jesús hizo, y aún *mayores* (Juan 14: 12). Las obras mayores solamente pueden ocurrir cuando judíos y gentiles converjan y se unan en *Un Solo Nuevo Hombre*. Esta unidad sobrenatural de judíos y gentiles preparará el camino para el Señor. Cuando el patrón sea el correcto, la gloria de Dios descenderá.

5

Cuando el patrón
sea el correcto...

YO SOY JUDÍO, y aunque crecí asistiendo a una sinagoga tradicional jamás se me ocurrió que pudiera conocer a Dios de una manera personal. Las historias acerca de Moisés, Noé y Abraham pertenecían a otra era. Para mí, Dios parecía estar a un millón de millas de distancia porque no tenía trascendencia para mi vida. Aún los varones ancianos y devotos de la sinagoga estaban más interesados en las oraciones rituales y en la comunión con sus amigos, que en tener una relación íntima con Dios.

Hoy, la mayoría de judíos son más seculares que religiosos. Cuando yo era joven, los judíos al menos asistían a la sinagoga en las festividades como Rosh Hashanah y Yon Kipur. Ahora la mayoría de mi gente ni siquiera asiste a las reuniones.

Cuando encontré a Jesús a la edad de 30 años, todo en mi mundo cambió. No solamente supe que Dios es real sino que pude conocerlo personalmente. El impacto más fuerte para mí fue descubrir que, en su gran mayoría, los cristianos actúan como la mayoría de judíos. Tienen un cierto conocimiento de Dios, creen en él y piensan que probablemente irán al cielo. No obstante, algunos tienen una relación más estrecha con su denominación religiosa que con Dios. Otros asisten a la iglesia solamente por la interacción social. Los domingos, y en las grandes fiestas (Semana Santa y Navidad), los cristianos encajonan a Dios según su conveniencia. Tratan a Jesús más como su sirviente que como su Señor. Le dan a Dios las mañanas de los domingos, no sus propias vidas.

Muchas iglesias se han convertido en nada más que bodegas religiosas llenas de personas que están atadas por el infierno. A sus miembros les han hecho sentir que son aceptados por Dios sin arrepentirse de su pecado. Su experiencia en la iglesia es de espectadores y nunca cumplen con su destino divino. Trágicamente muchos ni siquiera tienen una relación personal con Jesús.

A través de los años he empezado a ver que incluso algunas de las mejores iglesias están llenas de tradición religiosa. Los pastores parecen estar más interesados en las ofrendas, los anuncios, un buen sermón, y terminar a tiempo las reuniones, que en someterse a la guía y liderazgo del Espíritu Santo.

Mientras más hambriento estaba de intimidad con Dios, más insatisfecho me sentía. Entonces el Señor me guió a estudiar la historia de la Iglesia del primer siglo. Las vendas de la tradición cayeron de mis ojos. Empecé a ver las Escrituras con una luz completamente nueva. Ahora comprendo por qué hay tan pocos milagros aún en iglesias de creyentes llenos del Espíritu Santo, y por qué son tan pocos los creyentes que cumplen su destino divino, y la razón por la que el sistema humano controla los cultos en vez de permitir que el Espíritu Santo lo haga. Ahora sé por-qué hay tan poca compasión por las almas de los hombres y por los pobres, y por qué los pecados de la sociedad secu-lar están presentes en la Iglesia. Ahora comprendo cuánto hemos afligido al Espíritu Santo por la ignorancia, la fle-xibilidad, la tradición y el temor al ser humano, y por qué la gloria bajo el liderazgo de Moisés fue mayor que la de nuestras mejores iglesias de nuestros días.

Dios ha estado esperando una generación de creyentes que siga la nube de su presencia tal como los Israelitas la siguieron en el desierto. La nube está en movimiento. ¿La seguirá usted rumbo a la gloria o se quedará apegado a su vieja forma de actuar? Sólo unos pocos de los viejos cre-yentes entrarán en esta nueva tierra. El resto la observará de lejos. Yo tengo hambre de algo más que mera religiosi-dad. ¿Y usted?

Así como Dios tenía un plan específico para que los Israelitas entraran a la Tierra Prometida, también les dio instrucciones sobre cómo entrar a su gloria. Dios le dijo a Moisés: *"Mira, haz todas las cosas conforme al **modelo**"* (Hebreos 8: 5). El modelo es el puente de Dios hacia la intimidad con él. Cuando el modelo es correcto, la gloria explota. Note que dije *modelo* y no *fórmula*. El ser humano quiere meter a Dios en un molde y esa es la razón por la cual tenemos tantas religiones y denominaciones. Pero Dios es demasiado grande para ser limitado por nuestros intentos de definirlo. No podemos reducir su patrón a una fórmula. Las fórmulas nos llevan de regreso a la tradición, y la tradición a una religión fosilizada y muerta. En cambio, el modelo bíblico siempre nos conduce a una mayor intimidad con Dios.

También nos lleva a la unidad entre judíos y gentiles. Yo creo que Dios nos está llamando hoy a un nuevo nivel en el cual, tanto los creyentes judíos como los gentiles vendrán juntos como *Un Nuevo Hombre,* rendidos a su Santo Espíritu y andando en su poder. *"Porque estoy a punto de hacer algo nuevo. Vean que ya he comenzado"* (Isaías 43: 19, NLT).

Primero lo natural, luego lo espiritual

El patrón o modelo de Dios que define la relación entre la Iglesia y el pueblo Judío se explica en 1ª de Corintios 15: 46: *"Mas lo espiritual no es primero, sino lo animal; luego lo espiritual"*. Primero Dios actúa con su pueblo natural, Israel; luego con su pueblo espiritual, la Iglesia. Su verdadera Iglesia la componen quienes genuinamente creen en Jesús como Salvador y Señor (tanto judíos como gentiles).

La Iglesia e Israel se nombran con la palabra *mispocha,* palabra hebrea que significa "familia". Cualquier cosa que le ocurra a Israel afecta dramáticamente la restauración de la Iglesia.

Por ejemplo, en 1897 Teodoro Herzl reunió el primer Congreso Sionista en Basilea, Suiza, para discutir la formación de un estado judío. El comienzo de la restauración de los judíos en su tierra propició el comienzo de la restauración de la manifiesta presencia del Espíritu Santo en la Iglesia. El día de año nuevo de 1900, en una escuela bíblica en la ciudad de Topeka, estado de Kansas, un estudiante comenzó a hablar en lenguas, lo que marcó el comienzo del movimiento pentecostal. Varios días después, Charles Parham y otros estudiantes recibieron también el bautismo del Espíritu Santo con el don de hablar en lenguas. Posteriormente William Seymour, siguiendo las enseñanzas de Parham, llevó este fuego a un lugar de oración en la ciudad de Los Ángeles y nació así el mundialmente famoso *Avivamiento de la Calle Azusa*

Por el tiempo en que Israel se convirtió en nación en 1948, Dios respondió enviando el avivamiento de sanidad a los Estados Unidos de América. Alrededor de 100 evangelistas como Oral Roberts, Kathryn Kuhlman, T.L. Osborn y Kenneth Hagin comenzaron asombrosos ministerios de sanidad. El ministerio de Billy Graham también comenzó en ese entonces.

En 1967 Israel recuperó la posesión de Jerusalén por primera vez desde que el templo fue destruido. En ese mismo año comenzó el movimiento católico carismático que impactó a los cristianos de todas las denominaciones. A finales de la década del 60 también nació el movimiento de Jesús que llevó miles de "hippies" al Reino de Dios.

Por el tiempo de la Guerra de Yon Kippur, en 1973, irrumpió un avivamiento en el pueblo judío que produjo el movimiento mesiánico judío de nuestros días.

¿Qué sigue ahora?

Si usted quiere saber cuál es el siguiente movimiento de Dios, observe a Israel. Por causa del pecado Dios dispersó al pueblo judío por todos los rincones de la tierra. Pero él promete restaurarlo *en los últimos días* (ver Ezequiel 37: 21). Bajo el Antiguo Pacto, Israel era una nación dividida. El reino del norte fue llamado *Israel* y el del Sur, *Judá,* y en diferentes épocas tuvieron guerra entre sí. Dios promete restaurar estos dos reinos y establecerlos de nuevo en su tierra como una sola nación bajo el gobierno de un Rey:

> *"Y los haré una nación en la tierra, en los montes de Israel, y un rey será a todos ellos por rey; y nunca más serán dos naciones, ni nunca más serán divididos en dos reinos"* (Ezequiel 37: 22).

Hoy vemos que estas Escrituras se están cumpliendo. Israel es otra vez una nación y los judíos están regresando a su tierra en gran número. Una señal de la rapidez del cumplimiento del tiempo profético será vista cuando los judíos del norte de Israel (de las naciones de la antigua Unión Soviética) regresen a su tierra. Jeremías 16: 14 – 16 dice que una vez que esto ocurra, los judíos del mundo entero regresarán a Israel. Estamos comenzando a ver el cumplimiento espiritual de la profecía de Israel.

También empezamos a ver el cumplimiento espiritual de la profecía de Ezequiel. Los dos pueblos de pacto de Dios, el judío y el cristiano, que han estado divididos durante siglos, se unirán bajo el dominio de un Rey: Jesús. Este hecho causará una explosión espiritual en la Iglesia. La peor pesadilla del diablo ocurrirá cuando el gigante dormido, la Iglesia, finalmente se dé cuenta de que el propósito de los derramamientos del Espíritu Santo es equipar a los creyentes con poder para evangelizar a los judíos. Cuando el pueblo judío se una a los gentiles para formar *Un Solo y Nuevo Hombre*, provocará una admirable liberación de poder para evangelizar al mundo. Pero antes de que la Iglesia pueda entrar en este glorioso futuro tiene que superar primero su pasado antisemítico.

6

¿Cristianos?

DIOS TIENE UN PLAN MARAVILLOSO para lograr la unidad de judíos y gentiles en Jesús el Mesías. El apóstol Pablo escribió: *"Para provocarlos a celos* [a los Judíos]*, ha venido la salvación a los gentiles"* Romanos 11: 11b, NKJV). Dios quiere utilizar a los gentiles para llevar otra vez al pueblo judío a hacer parte del Cuerpo del Mesías. Por alguna razón esa verdad se ha perdido. Provocar a celos a los judíos significa demostrarles la paz, la sanidad, las fuertes relaciones familiares, y el amor, elementos sobrenaturales que sólo se obtienen mediante la relación íntima con Dios. Significa hacer que los judíos deseen tener lo que los creyentes gentiles tienen.

Pero en vez de provocarlos a celos, la Iglesia cristiana los ha alejado de sí. Aunque hay creyentes que han

dado sus vidas por los judíos, [1] algunas de las personas más contrarias a ellos durante los últimos dos mil
años han sido quienes se llaman a sí mismos cristianos. A través de los siglos, las acusaciones y declaraciones
de los líderes cristianos contra los judíos han conducido a
formas ignominiosas de antisemitismo "cristiano". A con-
tinuación unos cuantos ejemplos: [2]

- Justino Mártir (año 167 d. C.) fue uno de los primeros en acusar a los judíos de incitar al asesinato de
  cristianos.

- Orígenes (año 254 d. C.) acusó a los judíos de conspi-
  rar en sus reuniones para asesinar cristianos.

- Eusebio (año 300 d. C.) afirmó que los judíos mata-
  ban niños cristianos en las ceremonias de celebración
  de la fiesta de Purim.

- San Hilario de Poitiers (año 367 d. C.) dijo que los judíos eran un pueblo perverso, maldecido para siempre por Dios.

- San Efrén (año 373 d. C.) escribió muchos de los
  himnos de la Iglesia de su época, algunos de los cua-

---

1. Un ejemplo de un líder religioso que estuvo del lado del pueblo judío fue
   Dietrich Bonhoeffer, ministro luterano alemán, quien se negó a retractarse
   de su oposición al régimen Nazi de Adolfo Hitler, lo que lo llevó a la prisión y
   finalmente a la ejecución. Se opuso abiertamente no solamente a las políticas
   antijudías de los Nazis, sino también a la conformidad de la Iglesia con ellas.

2. A menos que se indique de otra manera, las siguientes referencias históricas
   son de Steffi Rubin en *Anti-Semitism* [Antisemitismo] (n.p.: Ineni Ministries,
   1977), 32 – 33.

les difamaban a los judíos hasta el extremo de llamar "prostíbulos" a las sinagogas judías.

- San Juan Crisóstomo (año 344 – 407 d. C.) dijo que jamás podría haber expiación para los judíos, y que Dios siempre los había odiado. Dijo que odiarlos era "un deber" de todos los cristianos por cuanto eran asesinos de Cristo y adoradores del diablo. En una de sus homilías Crisóstomo declaró: "La sinagoga es peor que un burdel… guarida de truhanes…sesteadero de bestias salvajes… templo de demonios dedicado a culto idolátrico… refugio de ladrones y disolutos, y caverna del diablo". [3]

- San Cirilo (año 444 d. C.) les dio a los judíos de su jurisdicción la opción de la conversión, el exilio, o el apedreamiento.

- San Jerónimo (año 420 d. C.) traductor de la Vulgata Latina "probó" que los judíos eran incapaces de comprender las Escrituras y dijo que debían ser severamente perseguidos hasta que confesaran la "fe verdadera".

- San Agustín (año 430 d. C.) dijo que la verdadera imagen del judío es Judas Iscariote, eternamente culpable y espiritualmente ignorante. San Agustín decidió que, por su propio bien y el de la so-

---

3. Juan Crisóstomo, citado en X. Malcolm Hay, *Europe and the Jews* [Europa y los Judíos] (Boston: Beacon Press, 1961), 27.

ciedad, los judíos debían ser relegados a la posición de esclavos.

- Este tema fue retomado posteriormente por Santo Tomás de Aquino (año 1274 d. C.) quien demandó que los judíos fueran obligados a perpetua esclavitud. Según el profesor F.E. Talmage, San Agustín creía que, "por causa de su pecado contra Cristo, los judíos justamente merecían la muerte. Sin embargo, igual que en el caso de Caín quien asesinó al justo Abel, no debían morir sino que estaban condenados a andar errantes sobre la tierra como `testigos de su iniquidad y de nuestra verdad´ y como prueba viviente del cristianismo". [4]

- Los Cruzados (año 1099 d. C.) arriaron a un número de judíos dentro de la Gran Sinagoga de Jerusalén, los aseguraron bajo llave y le prendieron fuego al recinto. Y los desviados cruzados, con las mentiras de perversos sermones resonando en sus oídos, cantaban mientras marchaban alrededor de la sinagoga en llamas: "Cristo te adoramos".

- Martín Lutero (año 1544 d. C.) dijo que los judíos no solamente debían ser esclavos, sino esclavos de esclavos y que no debían tener contacto con los cristianos. En su obra *Schem Hamphoras,* dijo que los

---

4. F.E. Talmage. Ed., *Disputation and Dialogue: Readings in the Jewish-Christian Encounter* [Controversia y Diálogo: Relación del Encuentro Judeo-Cristiano] (New York: Ktav Publishing House, Inc., 1975), 18.

judíos eran ritualistas asesinos, envenenadores de pozos. Pidió que todos los Talmuds y las sinagogas fueran destruidos. En *Von den Juden und Iren Luegen* (1543), escribió: "¿Qué hemos de hacer, entonces, los cristianos con los judíos, esta raza maldita y rechazada? Siendo que viven entre nosotros y conocemos sus mentiras, blasfemias y maldiciones, no podemos tolerarlos si no queremos participar de ellas... Con oración y reverencia debemos practicar una misericordiosa severidad".* *(poner la siguiente nota al pie de la pág)* *Lutero dio instrucciones a "los gobernantes que tienen asuntos judíos que ejerzan misericordiosa severidad con este pueblo miserable... Deben actuar como un buen cirujano que cuando aparece la gangrena procede sin misericordia a cortar, a usar la sierra y a quemar carne, venas, huesos y médula... Que quemen sus sinagogas... y si esto no es suficiente tenemos que echarlos como perros rabiosos". [5]

• La *Encyclopaedia Judaica,* al comentar las declaraciones de Lutero, dice: "A excepción de los hornos de Auschwitz y la exterminación, todo el Holocausto Nazi está delineado en ellas". [6] Ciertamente Adol-

---

5. Martín Lutero, citado en *Encyclopaedia Judaica* [Enciclopedia Judía], volumen 8 (Jerusalén: Keter Publishing House Jerusalem Ltd., 1972), 692.

* De *Luther´s Work, Vol. 47: The Christian in Society IV* [Las Obras de Lutero, Vol. 47: Los Cristianos en la Sociedad], (Philadelphia: Fortress Press, 1971), 268 – 293. Extractos citados en el *Internet Medical Sourcebook* [Recursos Médicos en Internet], www.fordham.edu/halshall/source/luther-jews. html (fecha de acceso Marzo 28, 2007).

6. *Encyclopaedia Judaica, vol. 8, 693.*

fo Hitler escribió en *Mein Kampf* (Mi Lucha) "Hasta
hoy yo creo que estoy actuando de acuerdo con el
Creador Todopoderoso. Al defenderme de los judíos
estoy luchando por la obra del Señor". [7]

Hablando como parte de la Iglesia de Cristo no dudo
en afirmar que necesitamos un milagro de restauración.
Solamente Dios puede reparar el daño causado a los judíos
y restaurar la relación entre la Iglesia y el Pueblo Judío. El
primer paso es el arrepentimiento. Quizá no hayamos sido
antisemitas de manera consciente pero como miembros
del Cuerpo de Cristo debemos arrepentirnos del pecado
de toda la Iglesia. Daniel no se rebeló contra Dios, y sin
embargo se arrepintió en nombre de todo Israel. Algunos
piensan que no deberíamos hablar de esta triste historia.
Pero, ¿cómo entonces podemos arrepentirnos y lograr la
limpieza? [8] La Iglesia tiene que deshacerse de este horrible
pecado. De otro modo, sin santidad no veremos al Señor
(véase Hebreos 12: 14). El paso número uno hacia el perdón implica arrepentimiento. Gracias a Dios por el Cordero Pascual que quita los pecados de todo el mundo.

7. Adolfo Hitler., *Mein Kampf* [Mi Lucha], traducido por Ralph Manheim
    (Boston: Houghton Mifflin Co., 1971), 65.

8. El verdadero arrepentimiento no es solamente decir que lo siente. Implica
    un cambio de comportamiento.

7

La conspiración de Constantino

¿PUEDE UN CREYENTE estar bajo maldición por las actitudes antisemitas de sus antepasados? Pregúnteselo a Eric Carlson. Mientras Eric prestaba servicio como oficial de un submarino tuvo una visitación de Dios que duró tres días, la cual cambió su vida. El Señor le reveló que era judío. Posteriormente descubrió que su abuelo se había cambiado el apellido cuando emigró a los Estados Unidos para ocultar su identidad judía. Entonces el Señor le reveló a Eric que estaba bajo una maldición familiar por haber negado su herencia judía, y que esta maldición debía ser rota. Después de orar para romperla fue inundado de más revelación y múltiples bendiciones. Hoy Eric es un judío mesiánico, rabí de una congregación de *Hombres Nuevos*. (Véase la enseñanza de Eric sobre la celebración de las fiestas en el capítulo 9.)

Dios dice que bendecirá a quienes bendigan al pueblo judío, y maldecirá a quienes lo maldigan (ver Génesis 12: 3).

Mezcla en la Casa de Dios

¿Podría estar la Iglesia bajo una maldición familiar como en el caso de Eric? ¿Ha negado la Iglesia su herencia judía? Sí. Como lo vimos en el capítulo anterior, el antisemitismo ha sido un factor destacado en la historia de la Iglesia durante muchos siglos y ello no ocurrió por accidente. Ha sido parte de un plan deliberado para separar a la Iglesia de todo lo que fuera judío. Démosle a este acontecimiento el nombre que le corresponde: una conspiración.

La Iglesia de los primeros tiempos fue judía. Si un gentil quería seguir al Mesías tenía que convertirse al Judaísmo. Luego el apóstol Pedro tuvo una revelación según la cual los gentiles no tenían que convertirse al Judaísmo para ser salvos (ver Hechos capítulo 10). El Concilio de Jerusalén determinó que los gentiles no tenían que ser circuncidados. Solamente les pidieron cuatro cosas de fácil cumplimiento: Debían *apartarse de las contaminaciones de los ídolos, de fornicación, de ahogado y de sangre"* (Hechos 15: 20). Después de todo –dijo Jacobo–, ellos podían aprender más acerca de Dios escuchando las enseñanzas de Moisés cada sábado en la sinagoga (ver Hechos 15: 21). Esto abrió la puerta a un expansivo crecimiento de la Iglesia entre los gentiles. Tantos gentiles se convirtieron que los creyentes judíos pasaron a ser la minoría.

A los primeros seguidores judíos de Jesús los llamaron "Nazarenos" (una parte estaba compuesta de Esenios, secta del Judaísmo de la cual hablamos en el capítulo 3). Practicaban el Judaísmo tradicional y eran ampliamente aceptados por los demás judíos no creyentes. A comienzos del siglo segundo alcanzaron a ser unos 400.000. [1] El libro de los Hechos registra que los primeros padres de la Iglesia le dijeron a Pablo: *Ya ves, hermano, cuántos millares de judíos hay que han creído; y todos son celosos por la ley"* (Hechos 21: 20).

La aceptación de los Nazarenos por parte de los judíos tradicionales cesó en el año 135 d. C., cuando el Rabí Akiva declaró que Bar Kochba era el Mesías judío. Sus seguidores tuvieron la esperanza de que éste los llevara a la victoria sobre los romanos. Los Nazarenos se negaron a luchar porque creían que Jesús era el verdadero Mesías y no Bar Kochba. Entonces fueron acusados de traidores, no porque creyeran en Jesús sino porque no se unieron a la lucha armada de Kochba. Éste y sus seguidores fueron pronto asesinados por los romanos. Después de esto los judíos fueron expulsados de Jerusalén.

La historia nos muestra que cuando el centro del cristianismo cambió de Jerusalén a Roma se fue helenizando progresivamente y adoptó costumbres y filosofías paganas en vez de mantener las prácticas ordenadas por Dios y

---

1   Raymond Robert Fischer, *The Children of God: Messianic Jews and Gentile Christians Nourished by Common Jewish Roots* [Los Hijos de Dios: Judíos mesiánicos y cristianos gentiles nutridos por raíces judías communes], (Tiberias, Israel: Olim Publications, 2000), 47.

las creencias de la Biblia. Al mismo tiempo llegó a ser cada vez más antijudío.

A comienzos del siglo cuarto (año 306 – 337 d. C.) asumió el poder el emperador romano Constantino quien era un político consumado. Éste trató de atraer a los paganos al cristianismo modificando las costumbres y fiestas paganas y dándoles significados cristianos que permitiera a los cristianos conservar sus tradiciones. Pero él no gustaba de los judíos por cuanto se habían rebelado contra Roma. Así la Iglesia estuvo más dispuesta a seguir el liderazgo de Constantino para evitar la persecución. A los cristianos se les prohibió ir a adorar el sábado o celebrar la Pascua so pena de excomunión o de algo peor. Constantino expresó los sentimientos antijudíos de los obispos del mundo cristiano cuando escribió:

> Por lo tanto, no tengamos nada en común con este pueblo odioso de los judíos, porque hemos recibido de nuestro Salvador un camino diferente... Esfuércense y oren continuamente para que la pureza de sus almas no sea contaminada con la comunión de las costumbres de estos hombres perversos... Todos deben unirse en el deseo de evitar toda participación en la perjura conducta de los judíos. [2]

---

2. Constantino, citado en Theodoret, *Historia Eclesiástica 1, 10.*

En el año 196 d. C., el concilio de la Iglesia reunido en Cesarea sin la presencia de creyentes judíos cambió la celebración de la resurrección de Jesús del tercer día de la Pascua [el de los primeros frutos] (véase Levítico 23: 9 – 11; 1ª de Corintios 15: 4; 20 – 23), para el domingo, el día de Istar, la diosa pagana de la fertilidad.

En el siglo cuarto, el Concilio de Nicea (presidido por Constantino), hizo el cambio oficial. La decisión se basó en la premisa de que no era apropiado que la celebración de la Iglesia estuviera conectada con "la maldecida nación judía" que crucificó a Cristo. [3] Hoy esta festividad es conocida como *Easter* palabra derivada del nombre de la diosa Istar.

¿Se ha preguntado alguna vez por qué tenemos conejitos y huevos de pascua? Son vestigios de la adoración a la diosa pagana Istar. El prejuicio era tan fuerte que los traductores de la versión de la Biblia en Inglés *The King James Version – KJV,* tradujeron erróneamente –siendo conscientes de ello– la palabra griega que significa "Pascua" como *Easter* (ver Hechos 12: 4, KJV). Esta errónea traducción aún aparece hoy en la versión antes mencionada.

---

3. Citado en Lars Enarson, "The Feast of Passover and Intercession for Salvation of the Jewish People: An Appeal for All Night Prayer Vigil on April 7 or 8, 2001" [La Fiesta de la Pascua e Intercesión por la Salvación del Pueblo Judío: Un Llamado a Una Noche de Vigilia en abril 7 u 8, 2001], (The Watchman International, P.O. Box 3670, Pensacola, FL, 32516, 1999), 1 – 2.

Demasiado frío

Otro cambio importante que comenzó en la historia de la Iglesia de los primeros siglos fue la celebración de la Natividad del Señor conocida como Navidad. En nuestro tiempo es la segunda celebración más importante después de la resurrección. Pero, ¿realmente nació Jesús el 25 de diciembre? Según Lucas 2: 8, sabemos que no. Los pastores no hubieran estado fuera en el campo "velando y guardando" sus rebaños *en la noche,* en Belén en diciembre, porque habría demasiado frío.

Tiene más lógica que Jesús hubiera nacido por el tiempo de Sucot (la Fiesta de los Tabernáculos). A esta fiesta se le menciona como "el Tiempo de Nuestro Gozo". ¿Podría haber mayor gozo que el Mesías viniera a morar con el hombre? La Escritura nos dice que la ley que incluye las fiestas bíblicas, es *"sombra de los bienes venideros"* (Hebreos 10: 1). Sucot es figura, o sombra, de la "habitación" de Dios con los seres humanos. *"Y aquel Verbo fue hecho carne, y **habitó** [hizo su tabernáculo] entre nosotros"* (Juan 1: 14). La Fiesta de los Tabernáculos nos ofrece un cuadro mucho mejor de Jesús que la Navidad de los romanos.

De modo que, ¿cuál fue el origen de la idea de celebrar el nacimiento de Jesús el 25 de diciembre? Los paganos babilonios creían que el sol era dios. El solsticio de invierno comenzaba el 21de diciembre y representaba la muerte del sol. Pero el 25 de diciembre se celebraba una fiesta salvaje que representaba el "renacimiento" del sol. Esta celebración del "renacimiento" solar se hacía en honor al dios sol y a la madre del mismo, la "reina del cielo". Para atraer paganos al cristianismo, la Iglesia Católica Romana proclamó el 25 de diciembre como *aniversario del nacimiento del Mesías*, aunque tal cosa no se menciona en las Escrituras. A esta fiesta se le llamó "Nativitas" o la Natividad.*

(Al pie de pág) *"En el siglo quinto la iglesia occidental [Católico-Romana] ordenó que se celebrara para siempre en el día de la antigua fiesta romana del nacimiento del sol" [4]

Los primeros Puritanos que llegaron a los Estados Unidos conocían la historia y por lo tanto no celebraban la Natividad. [5]

¿Y qué pasó con el sábado?

Otra reforma del Concilio de Nicea institucionalizó el cambio del día de adoración cristiana del sábado al domingo. Tal como ocurrió con la celebración de la Pascua, este cambio había comenzado mucho antes. En efecto, a mediados del siglo segundo, el domingo (día dedicado al dios sol) ya había reemplazado al Sábado, día dedicado a la adoración del verdadero Dios. El Sábado fue el primer elemento de la creación que Dios santificó o separó en recordación de su poder creativo. Que Dios descansó el Sábado

---

4. *The Encyclopaedia Americana* [La Enciclopedia Americana], 1942 Edition, vol. 6, 623.

5. *Century Dictionary and Cyclopaedia,* 1903, vol. 2, 987.

es un hecho bíblico. No obstante, el cambio se hizo y los líderes lo justificaron sin utilizar inicialmente el argumento de la resurrección. El motivo básico para la observancia del domingo fue conmemorar el primer día de la creación. La resurrección de Jesús en domingo fue solamente un elemento secundario.

Muchos de los líderes de la Iglesia que efectuaron por primera vez el cambio del Sábado fueron antisemitas. Tertuliano pensaba que Dios siempre había odiado el Sábado.[6] La Epístola de Bernabé (pieza literaria apócrifa del primer siglo d.C.) niega de plano que Dios hubiera dado el Sábado como un mandamiento para cumplir. Justino Mártir (año 167 d.C.), consideró que el Sábado era una bien merecida maldición para el pueblo judío. Justino, dirigiéndose a Trifo el judío, dijo: "Fue por causa de sus pecados y de los de sus padres que, entre otros preceptos, Dios les impuso la observancia del Sábado como una señal". La "señal" tenía el propósito de "identificarlos para el castigo que ellos bien merecían por sus infidelidades".[7]

En vez de reconocer que *el Sábado fue hecho para el hombre"* (Marcos 2: 27), la Iglesia lo vio como parte de la maldición de la ley sobre los judíos, esa raza odiada y despreciada. La Iglesia post apostólica instituyó otro día de adoración para separarse de todas las tradiciones judías.

---

6. Tertuliano, *Against Marcion 1,* [Contra Marción 1], ANF III, 271.

7. Justino Mártir, *Dialogue 21,* 1; 23, 3.

Este antijudaísmo se reflejó en la *Teología de la Sustitución* de los primeros escritores de la Iglesia helenizada. (Véase el capítulo 4 para información sobre la Teología de la Sustitución.)

¿Dónde está el poder?

No es mera coincidencia que cuando la Iglesia reemplazó su herencia bíblica judía con el paganismo, la intimidad con Dios se deterioró. Ya no fue una comunidad de creyentes en la que cada uno hacía las obras de Jesús sino una congregación de espectadores dirigidos por clérigos profesionales. El poder sobrenatural de Dios fue reemplazado por las políticas y las tradiciones de los hombres. [8] Jesús hizo una advertencia al respecto cuando reprendió a los líderes religiosos de su tiempo y les dijo que habían *"invalidado la palabra de Dios con vuestra tradición"* (Marcos 7: 13).

Cuando la Iglesia abandonó sus raíces bíblicas judías desechó el patrón divino. Su división original ocurrió entre judíos y gentiles. Pero si los creyentes gentiles y judíos nos unimos en Jesús romperemos la maldición que pesa sobre la Iglesia y allanaremos el camino para un avivamiento general.

---

8. Para tener una historia más detallada de la primera iglesia, véase el libro de Fischer *The Children of God* [Los Hijos de Dios].

8

Las fiestas bíblicas: ¿Bendición o esclavitud?

LA MENTIRA MÁS GRANDE QUE EL DIABLO LE DICE al pueblo judío es que no puede ser judío y al mismo tiempo creer en Jesús. Y al ocultar sus raíces judías, la Iglesia ha apoyado esta mentira. ¿No es hora ya de que el Cuerpo del Mesías madure y empiece a mostrarse como el olivo judío? Es tiempo ya de que los creyentes judíos, lo mismo que los cristianos, vean la conexión judeo-cristiana y celebren esta unión.

Parte de la herencia de la Iglesia es la celebración de las fiestas bíblicas como Dios quiso que fueran celebradas. Con el propósito de fortalecer la unión de las dos corrientes en una sola, de aquí en adelante en este libro me referiré a Jesús utilizando su nombre hebreo "Yeshua."

¿Bajo la ley?

La Iglesia del comienzo celebraba todas las fiestas bíblicas. Durante el Milenio (el reinado de mil años de Yeshua sobre la tierra) guardaremos el Sábado, la Fiesta de los Tabernáculos, Rosh Hashanah (la Fiesta de las Trompetas), la Pascua y la Fiesta de los Panes sin Levadura (ver Isaías 66: 23; Zacarías 14: 16 – 17; y Ezequiel 45: 20 – 21). ¿Por qué no hemos vuelto a celebrar estas fiestas durante siglos?

Una de las razones es que muchos rechazan cualquier cosa que aparentemente los ponga bajo la ley. La palabra hebrea traducida como "ley" es *torá,* y se debería traducir como "instrucciones". El apóstol Pablo aclara que no somos justificados por las instrucciones (ver Romanos 3: 20 y Efesios 2: 8 – 9). ¿Eso significa que las instrucciones carecen de valor? ¿Debemos descartarlas así como los Diez Mandamientos? Por supuesto que no. Pablo proclamó: *"De manera que la ley* [las instrucciones] *a la verdad es santa, y el mandamiento santo, justo y bueno"* (Romanos 7: 12).

Yeshua explicó esta paradoja en Mateo 5: 18: *"Hasta que pasen el cielo y la tierra, ni una jota ni una tilde pasará de la ley, hasta que todo se haya cumplido".* La palabra clave en este pasaje es *cumplimiento.* Yeshua es el significado pleno de la ley. Él no vino a eliminar o anular las instrucciones sino a capacitarnos para cumplirlas a cabalidad en su verdadero significado.

Yeshua nunca se incomodó con las instrucciones. Él dijo: *"No penséis que he venido para abrogar la ley o los pro-*

fetas; no he venido para abrogar, sino para **cumplir**" (Mateo 5: 17). Lo que él sí objetó fue la manera habilidosa en que los rabíes anularon muchas porciones de las instrucciones. Yeshua preguntó: *"¿Por qué también vosotros quebrantáis el mandamiento de Dios por vuestra tradición?"* (Mateo 15: 3).

Antes de que llegue a la conclusión que estoy abogando por una nueva forma de esclavitud o legalismo, dejemos en claro una cosa: Celebrar las fiestas bíblicas judías no tiene nada que ver con lograr salvación o justicia. Este fue el error de los judaizantes de los cuales habla la carta a los Gálatas. Somos salvos solamente mediante el arrepentimiento de nuestros pecados por la sangre de Yeshua. Nada más es necesario. Pero celebrar las fiestas trae bendiciones y nos lleva a una mayor intimidad con Dios. (Ver el capítulo 9 para tener una descripción de las fiestas y ver la manera en que una congregación de *Hombres Nuevos* las celebra.)

Tiempos señalados

De modo que, ¿cuál debe ser nuestra actitud hacia estas celebraciones bíblicas? La palabra hebrea que se traduce como *fiestas* es *mo´ed* que significa "tiempos señalados". Levítico 23: 2 deja en claro que éstas no son sólo fiestas judías sino fiestas *de Dios*. En otras palabras, estos son los tiempos señalados por Dios para encontrarse con nosotros. ¿Ignoraría usted, o llegaría tarde a una cita con el presidente de su país? No le costaría la vida pero perdería un gran honor. Entonces, ¿cuál no sería la pérdida si deja plantado a Dios mismo en una de sus citas? Dios llama a estas fiestas "convocaciones" que en el idioma hebreo significa "ensayos" (Levítico 23: 2).

> *Habla a los hijos de Israel y diles: Las fiestas solemnes del Señor, las cuales proclamaréis como santas **convocaciones**, serán estas (Levítico 23: 2).*

Dios dice que debemos observar estos ensayos *para siempre* en sus tiempos señalados (ver Levítico 16: 29; 23: 14, 21, 31, 41). Puesto que las fiestas fueron figuras tan claras de la Primera Venida de Yeshua deben tener claves importantes de su regreso. ¿Le gustaría asistir a un ensayo del regreso del Mesías? Colosenses 2: 16 – 17 nos muestra que las fiestas y los Sábados *"son sombra de las cosas venideras"*. ¿Cómo podemos celebrar los grandes eventos en la historia de Dios o recibir revelación de su regreso si desechamos las citas establecidas por Dios?

En vez de ver al Nuevo Pacto como sin relación con el Antiguo sería mejor describirlo como el Pacto *Renovado*. Según el erudito bíblico William Morford, una de las definiciones de la palabra "nuevo" en Jeremías 31: 31 es "renovado". En la cita de este versículo en Hebreos 8: 8, el vocablo utilizado para expresar la cualidad de "nuevo" también se puede definir como "renovado". Yeshua dijo: *"No piensen que he venido para anular o para dar una incorrecta interpretación del Torá o de los Profetas. No vine a anular sino a traer abundancia espiritual"* (Mateo 5: 17, PNT).

Debemos celebrar (guardar) las fiestas como grandes celebraciones espirituales de la libertad. Es como si Dios realizara una fiesta y fuéramos sus invitados. En el Milenio vamos a celebrar estos festivales (ver Isaías 66: 23 y Zacarías 14: 16). Es mucha la revelación que podemos recibir en estos tiempos señalados o citas con Dios.

La Pascua

Por ejemplo, la cena de la Pascua nos provee un discernimiento de los últimos días. La Primera Pascua del Nuevo Pacto en realidad fue una cena de compromiso. No fue solamente un recordatorio del Éxodo de Egipto sino también una promesa de un futuro éxodo de esta tierra. En el Judaísmo antiguo el compromiso tenía la misma fuerza y validez que el matrimonio. Después del compromiso el novio iba a preparar un lugar para su prometida en la casa paterna.

En la Última Cena Yeshua bebió la tercera copa de vino, "la copa de la redención" la que él llamó *"el nuevo pacto en mi sangre"* (Lucas 22: 20). [1] En el contexto de las costumbres matrimoniales en el Israel antiguo, el Señor estaba haciendo también una declaración de esponsales.

---

1. Una interpretación tradicional de la *seder* (comida) de Pascua, relaciona las cuatro copas de vino con las cuatro "declaraciones afirmativas" en Éxodo 6: 6 – 7: *"Por tanto, dirás a los hijos de Israel: Yo soy EL SEÑOR; y yo os sacaré de debajo de las tareas pesadas de Egipto, y os libraré de su servidumbre, y os redimiré con brazo extendido, y con juicios grandes; y os tomaré por mi pueblo y seré vuestro Dios; y vosotros sabréis que yo soy Jehová vuestro Dios"*. *"Os redimiré"* es la tercera declaración, la cual corresponde a la tercera copa.

Previamente él había dicho a sus discípulos: *"En la casa de mi Padre muchas moradas hay; si así no fuera, yo os lo hubiera dicho; voy, pues, a preparar lugar para vosotros. ³Y si me fuere y os preparare lugar, vendré otra vez, y os tomaré a mí mismo, para que donde yo estoy, vosotros también estéis"* (Juan 14: 2 – 3).

La costumbre en ese tiempo era que el novio pagaba una dote en bienes o en servicios al padre de la novia como una compensación por la pérdida de la presencia de su hija en la familia. Al beber la copa de la redención, Yeshua estaba diciendo a su Prometida, la Iglesia: "Yo te redimiré; pagaré el precio por ti". La sangre de Yeshua en la cruz fue el preció más alto que se haya pagado por una novia. Puso en acción al Espíritu Santo para congregar a esta nueva Novia, compuesta por judíos y gentiles que llegan a ser *Un Solo y Nuevo Hombre* en Yeshua.

La cuarta copa de vino que tomamos en la comida de Pascua se llama "la copa de alabanza". Yeshua no bebió esta copa en la tierra. Después de la tercera copa él dijo: *"Y os digo que desde ahora no beberé más de este fruto de la vid, hasta aquel día en que lo beba nuevo con vosotros en el reino de mi Padre"* (Mateo 26: 29). El día vendrá cuando la Iglesia, la Prometida, (el Nuevo Hombre) será arrebatada en el aire para estar con Yeshua (ver 1ª de Tesalonicenses 4: 16 – 17). Compartiremos con él en la cena de las bodas del Cordero una comida de Pascua celestial (ver Apocalipsis 19: 7 – 9).

Bendición, no esclavitud

Como judío tradicional, yo solía celebrar las fiestas de la misma manera todos los años. Pero al fin me cansé de las tradiciones aprendidas de memoria. Cuando me convertí en judío mesiánico descubrí los significados ocultos acerca del Mesías en las festividades y vi propósito en ellas. Pero celebrar los mismos eventos exactamente de la misma manera –año tras año– volvió a ser tedioso. Para mí se convirtió más en una forma de entretenimiento, una tradición, que un encuentro espiritual con Dios.

Así que, ¿cuál es la solución? No debemos seguir necesariamente las interpretaciones y tradiciones rabínicas, ni siquiera nuestra concepción mesiánica, exactamente de la misma manera vez tras vez. En vez de ser tradicionalistas en cuanto a la manera de celebrar las fiestas debemos estudiar el significado de cada festividad en las Escrituras. Luego orar: "Espíritu Santo, ¿cómo puedo glorificar a Yeshua de manera especial en este tiempo señalado?"

Yeshua realizó más milagros el Sábado que en cualquier otro día. He descubierto que Dios aumenta la unción para la realización de milagros y la evangelización durante las fiestas. Cuando usted celebre estas fiestas se dará cuenta de que a Dios le agrada. Yo creo que hay bendiciones sobrenaturales relacionadas con la observancia en libertad de las festividades bíblicas. Por ejemplo, Dios promete específicamente a quienes guarden el Sábado: *"…te deleitarás en el Señor; y yo te haré subir sobre las alturas de la tierra, y te daré a comer la heredad de Jacob tu padre; porque la boca del Señor lo ha hablado"* (Isaías 58: 14).

Las iglesias actuales están comenzando a utilizar las siete fiestas bíblicas (la Pascua, los Panes sin Levadura, Fiesta de los Primeros Frutos, Pentecostés, Fiesta de las Trompetas, Día de Expiación, y Fiesta de los Tabernáculos), como eventos colectivos de adoración. También se nos exhorta a enseñar su significado a nuestros hijos (ver Éxodo 12: 26 – 27). Yo creo que honramos a Dios si separamos el Sábado como un tiempo dedicado en familia; por causa de sus promesas sobrenaturales, él lo utilizará para la restauración familiar. Es una buena oportunidad para cumplir con el cuarto mandamiento, con la bendición de Yeshua.

Una mezcla nefasta

Los profetas Jeremías y Oseas prohibieron al pueblo judío mezclar el paganismo con la creencia en Dios (ver Jeremías 7: 30 – 31 y Oseas 3: 1). Jeremías 2: 13 dice que el pueblo ha cometido dos pecados: ha abandonado el vaso de Dios y ha hecho sus propios vasos defectuosos.

> *Porque dos males ha hecho mi pueblo: me dejaron a mí, fuente de agua viva, y cavaron para sí cisternas, cisternas rotas que no retienen agua (Jeremías 2: 13).*

En la Iglesia de los primeros siglos los judíos creyentes en el Mesías fueron obligados por los cristianos gentiles a renunciar a la adoración el día Sábado y a la celebración de otras fiestas judías bajo amenaza de excomunión o de muerte. Como vimos en el capítulo anterior, estas piadosas representaciones y figuras proféticas de la Primera Venida del Mesías, de su regreso y del reinado milenial, fueron reemplazadas por tradiciones paganas.

¿Qué debemos hacer hoy? ¿Debemos desechar la adoración en domingo? No necesariamente. La clave no es abandonar el domingo como día de adoración sino arrepentirnos de las actitudes antisemitas de los líderes de la primera iglesia, quienes establecieron la adoración dominical.

¿Dice la Biblia que el domingo es el día en que debemos adorar a Dios? No. Pero menciona que algunos se reunían el primer día de la semana. Una de las razones fue que el Sábado no se podía diezmar, dar dones y limosnas, o realizar cualquier otro tipo de actividad. Pero en ningún lugar de la Escritura se nos manda adorar el día domingo.

Salmo 118: 24, dice: *"**Este** es el día que hizo el Señor; nos gozaremos y alegraremos en él"*. En nuestro tiempo, la mayoría de cristianos adoran al Señor el domingo. Pero Dios ha elegido *cada día* como "el día del Señor". Como generalmente el domingo es un día en que no tenemos que trabajar, es un tiempo conveniente para la adoración colectiva. Sin embargo, eso no lo convierte en Sábado.

Celebremos con gozo y libertad

Oseas 3: 4 – 5, dice:

> *"Porque muchos días estarán los hijos de Israel sin rey, sin príncipe, sin sacrificio, sin estatua, sin efod y sin terafines. Después volverán los hijos de Israel, y buscarán al Señor su Dios, y a David su rey".*

En otras palabras, en los últimos días habrá un avivamiento entre el pueblo judío. Este es el tiempo determinado para favorecer a Sión [Israel] (ver el Salmo 102: 13). Un verdadero arrepentimiento o cambio de comportamiento en la Iglesia provocará este avivamiento. ¿Cómo se podría mostrar el arrepentimiento de los cristianos por el antisemitismo de la Iglesia y la persecución que obligó a los judíos a rechazar sus festividades bíblicas? Las reuniones de reconciliación han sido un buen comienzo, pero tenemos que ir más allá. No ha habido mucho cambio. Israel no es salvo todavía. ¿Qué tal si el arrepentimiento comienza por el reconocimiento de las raíces judías de la fe? Algunas congregaciones adorarán solamente el Sábado, al cual se le conoce también como el *Shabat*. El Shabat bíblico comienza el viernes en la tarde a la puesta del sol. Otras congregaciones adorarán el sábado y el domingo. ¿Qué tal si en vez de dos reuniones el domingo –una en la mañana y otra en la noche– se tiene una el viernes en la noche y la otra el domingo en la mañana? Otros observarán el sábado como verdadero día de descanso, como un día para la familia. Así es como yo lo guardo actualmente. Las fiestas del Señor son para él, como lo dijo Jesús: *"El Sábado fue hecho para el hombre, y no el hombre para el Sábado"* (Marcos 2: 27).

Hace algunos años asistí a una reunión en donde conocí a una dama que no era muy alegre. Cuando le dije que yo era judío se le iluminó el rostro. Me contó que asistía a una iglesia en donde adoraban en sábado, pero era una iglesia espiritualmente muerta. Deseaba asistir a otra iglesia viva, pero allí guardaban el domingo. Le sugerí que asistiera a ambas pero me contestó que no tenía el tiempo, de modo que tenía que congregarse "en la que me permite celebrar el verdadero Shabat".

Entonces le pregunté:

¿En dónde dice la Biblia que debe asistir a la iglesia el Sábado?

No pudo responderme. Entonces le recomendé que dedicara el sábado a pasar con su familia como un día de descanso. Pude ver que fue liberada de un gran peso y que por primera vez supo lo que era ser libre.

No estoy sugiriendo adoptar una rígida tradición. Ore al respecto y haga lo que sea agradable al Señor. No haga del Shabat ni del Domingo una fórmula legalista. Nunca pierda de vista que no son las raíces judías, sino el Mesías judío, quien es nuestro Sábado.

Déjeme advertirle que este no es otro segmento ministerial de la Iglesia como el grupo de solteros u otra reunión regular como la oración de los miércoles en la noche. Si es así como ve el Sábado, usted ha perdido el Espíritu de Dios. La idea al celebrar el Sábado es que la congregación se identifique totalmente con las raíces judías y con el Mesías judío. Si la mayoría asiste el domingo y sólo unos pocos el Sábado, terminarán funcionando dos congregaciones. Dios busca la unidad de los Hombres y Mujeres Nuevos, no la realización de unos cuantos eventos segregados.

Algunos quizás acogerán la revelación de las raíces judías para crear un sistema legalista basado en una mentalidad de obras. Al final estos judaizantes evolucionarán hasta convertirse en una denominación y se fosilizarán. Un espíritu de religiosidad se apoderará de ellos y basarán su identidad en la cultura judía y no en el Mesías judío. Causarán mucha desunión en el Cuerpo de Cristo y, por causa de su legalismo, harán que muchos en la iglesia se opongan al movimiento que busca el reconocimiento de las raíces judías. Otros se divorciarán completamente de la Iglesia gentil y abrazarán los elementos del Judaísmo Rabínico. Tristemente el espíritu de anticristo de los rabinos tradicionales, que niegan la deidad de Yeshua, infectará a algunos. El señuelo sobrenatural de la tradición humana atrae a estos espíritus religiosos. Su última tarea es hacer que el creyente se convierta al Judaísmo Rabínico tradicional y renuncie a Yeshua.

Esos mismos espíritus religiosos se pueden apegar a tradiciones extra bíblicas dentro del cristianismo. Los mismos tratan de convencer al creyente de que la Iglesia ha reemplazado al pueblo judío y a Israel. (Ver el capítulo 4.)

Esta concepción antisemita abre la puerta a otras herejías.

El diablo procura meternos en la cuneta a uno u otro lado de la vía, ya sea en el antisemitismo "cristiano" o en el judaísmo sin Yeshua. Pero un nuevo movimiento del Espíritu de Dios soplará en la Iglesia y con él vendrá una nueva libertad para la celebración y observancia de las fiestas bíblicas.

9

Celebremos las fiestas

E N ESTE CAPÍTULO, mi amigo el doctor John Fischer, judío creyente en Yeshua, nos ofrece una panorámica del significado bíblico y espiritual de todas las fiestas.[1] Después de la descripción de cada una de ellas, mi amigo el Rabí Eric Carlson, líder de una congregación de Hombres Nuevos, explica cómo las celebra dicha congregación. Las secciones tituladas "Una Mirada a…" fueron escritas por el doctor Fischer. El Rabí Carlson escribió las secciones tituladas "Cómo celebrar…"

Estas Celebraciones cobran vida cuando están llenas del Espíritu de Dios, cuando el Espíritu nos muestra cómo quiere que las celebremos cada año. Ya no más "lo mismo de siempre". Espere una visitación de Dios.

---

1. Doctor John Fischer, *The Meaning and Importance of the Jewish Holidays* [El Significado e Importancia de las Fiestas Judías], copyright 1979. Para obtener más información, hacer contacto con Menorah Ministries, P.O. Box 669, Palm Harbor, FL 34682.

Una mirada a la Semana de Pascua
La Pesach

Éxodo 12 y los capítulos previos nos cuentan la historia de la Pesach (la Pascua). Nueve plagas no habían convencido al Faraón de Egipto de dejar ir a los Hebreos, pero Dios tenía en mente una plaga final. Y para protegerse de ésta, cada familia judía debía sacrificar un cordero y pintar con su sangre los dinteles de las puertas de entrada de la casa. Cuando el ángel destructor pasara por todo Egipto, "pasaría de largo" por las casas que tuvieran la sangre del cordero en sus puertas.

Tradicionalmente la Pesach se celebra casi igual a como se celebraba antes de venir Yeshua. Las excepciones principales incluyen la utilización de una porción en reemplazo del cordero completo, y la adición del *Afikomen*. (*Matzoh*, o pan sin levadura, hecho de sólo harina y agua, que se esconde y se sirve como "postre" en la comida.) [2]

Un hecho de la época del segundo templo destaca el significado mesiánico de la Pesach. En ese tiempo la gente viajaba grandes distancias para celebrar esa festividad en Jerusalén. Luego iban al área del templo para escoger un cordero para la fiesta. Entonces el sacerdote indicaba un cordero apropiado y señalaba al animal, diciendo: "He

---

2. Hay amplia indicación de que probablemente el mismo Yeshua instituyó esta práctica, la cual empezó a ser celebrada tradicionalmente por causa de los primeros judíos mesiánicos.

aquí el cordero". En una ocasión, Juan el Bautista, hijo de un sacerdote, vio en la distancia a Yeshua que se acercaba, y dijo: *"He aquí el cordero…"* Pero luego continuó y completó su declaración, *"…de Dios que quita el pecado del mundo"* (Juan 1: 29). Esto indica que el significado de la Pesach estaba relacionado con la muerte sacrificial de Yeshua que ocurriría después. Posteriormente el apóstol Pablo declaró: *"Porque nuestra pascua, que es Cristo* [el Mesías]*, ya fue sacrificada por nosotros"* (1 Corintios 5: 7).

Yeshua, el Mesías, fue el cordero Pascual de Dios para nosotros: murió para que nosotros viviéramos. Antes de morir tomó una de las copas de vino durante la Pesach y dijo que representaba su sangre, la que muy pronto iba a ser derramada a nuestro favor para el perdón de nuestros pecados. (Ver Mateo 26: 27 – 28.) Este hecho debe haber recordado a los discípulos la sangre del cordero de Pascua que se aplicó a los dinteles de las casas en Egipto.

Hoy, al celebrar la Pesach, recordamos no solamente los actos de Dios durante el tiempo del Éxodo, sino también la muerte de Yeshua por nosotros, la cual aseguró nuestra expiación. De hecho, la palabra *Afikomen,* un vocablo no hebreo sino griego, utilizado para nombrar el pedazo de "matzoh" (pan sin leudar) que se "oculta" durante la comida de la Pesach, significa literalmente "el que vino", y se usó durante los dos primeros siglos como título de Jesús el Mesías. [3]

---

3.   C. F. Lampe, *A Patristic Greek Lexicon* [Diccionario Griego Patrístico].

La Fiesta de los Panes sin Levadura

Levítico 23: 6 – 8 describe esta fiesta que está estrecha-
mente relacionada con la Pesach y también utiliza –como
su nombre lo indica– los panes sin levadura. El matzoh –pan
ácimo, sin leudar– representa el pan puro sin elementos
fermentadores. En este sentido permanece incontaminado.
Por esta razón, a menudo la levadura representa el mal (ver
1ª de Corintios 5: 6 – 7). Esta fiesta llegó a ser parte de la celebración de la semana de Pascua por razón del mandamiento
de comer matzoh durante siete días (ver Éxodo 12: 18).

Cuando Yeshua comió su última comida de Pascua
tomó el matzoh, lo partió –tal como hacemos nosotros
hoy– y dijo que representaba su cuerpo que daría como
sacrificio por nosotros (ver Mateo 26: 26); de ahí el significado del pan "puro" o sin levadura.

La ceremonia de los Primeros Frutos

Según Levítico 23: 9 – 14, la ceremonia de los primeros frutos ocurría inmediatamente después de Pesach. La primera
parte de la cosecha era mecida delante de Dios como una
acción simbólica de presentación a Dios *"Y será aceptada
en vuestro nombre"* (Levítico 23: 11, NVI). La celebración
tradicional asocia esta ceremonia con la semana de Pascua.
Ella refleja hoy el comienzo del período de 50 días entre
la Pascua y *Shavuot* (Pentecostés) que observan los judíos
tradicionales.

Tres días después de su muerte, y justamente después de Pesach, Yeshua se levantó de entre los muertos (ver Mateo 28: 1 – 10). El apóstol Pablo escribió que al levantarse de la tumba, Yeshua fue hecho *"**primicias** de los que durmieron…"* (1 Corintios 15: 20). Como los primeros frutos en Levítico 23: 11, su resurrección fue *"aceptada en nombre nuestro"* cuando él *"resucitó para nuestra justificación"* (Romanos 4: 25). Así que, la ceremonia de los primeros frutos y su contraparte tradicional, el comienzo del conteo del Homer, debe recordarnos la resurrección de Yeshua. La resurrección demostró que él era ciertamente el Mesías y que su sacrificio efectivamente había garantizado nuestra expiación.

Al recordar el significado de la semana de Pascua reconocemos varias verdades. La sangre del cordero pascual nos recuerda la gran pérdida de sangre que sufrió Yeshua en la crucifixión, y el matzoh rememora su sacrificio corporal a nuestro favor. Estas celebraciones son un cuadro de su muerte y la ceremonia de los primeros frutos lo es de su resurrección. De ahí que el significado mesiánico de la semana de Pascua hace referencia a la expiación que Yeshua el Mesías efectuó por nosotros mediante su muerte y resurrección.

Cómo celebrar la Pesach (Pascua)

Cuando los días de la fiesta se aproximan, lo primero que hacemos como una congregación de Mujeres y Hombres Nuevos es orar, ayunar y buscar la dirección de Dios mediante el Espíritu Santo para saber cómo celebrar. Podríamos realizar la celebración litúrgica tradicional pero preferimos servir al Señor y su voluntad *hoy*. Él desea que tengamos celebraciones en las cuales abunde la vida y disfrutemos su presencia. No es nada menos que sobrenatural la manera en que el Espíritu Santo obra si nos hacemos a un lado y le permitimos actuar con libertad. La celebración de los festivos trae avivamiento (ver 2° de Crónicas 30). El aspecto carnal más difícil de superar (especialmente para los pastores) es marginarse y permitir que el Espíritu Santo actúe. Debemos someternos con humildad a Dios en verdad y en amor para que el Espíritu Santo pueda moverse libremente.

Cuando oramos, y nos sometemos a Dios, y le preguntamos qué debemos hacer, él siempre responde; *¡siempre!* Estos son algunos ejemplos de lo que el Espíritu Santo nos ha guiado a hacer en años pasados. No digo que usted deba, o no, celebrar de la misma manera en que nosotros lo hacemos. Solamente le doy ejemplos de la forma en que el Espíritu nos dirige como congregación, y algo sobre lo cual pensar y orar.

Un año escribimos y presentamos una corta obra de teatro que contaba la historia de la Pascua. Al final de la representación teatral compartimos los elementos –el matzoh y jugo de uvas– y celebramos la Comunión. Ese año seis Judíos Ortodoxos que pudieron ver al Mesías judío en esa representación participaron con nosotros de la Comunión y aceptaron a Yeshua. Otro año utilizamos el rígido esquema (orden de la celebración) de una *Seder* (cena de pascua). Ubicamos en cada mesa un plato con los diferentes elementos, matzoh y jugo de uvas. Utilizando los elementos expuestos en el plato como símbolos, enseñamos que el pecado es esclavitud y que hemos sido liberados de esa servidumbre del pecado por el sacrificio de Yeshua, el Cordero Perfecto. Luego comimos el matzoh y bebimos el jugo, tuvimos Comunión y adoramos mediante la música y la danza durante varias horas. Ese año fuimos testigos de varios milagros de sanidad cuando la presencia del Señor descendió sobre nosotros mientras adorábamos y alabábamos al Dios vivo.

En otra ocasión el Espíritu Santo nos impulsó a invitar a un prominente líder de adoración. Durante la comida narramos la historia del Éxodo de Egipto. Los niños buscaron en todo el recinto un pedazo de pan no leudado y aprendimos que el pecado es como la levadura y que debemos escudriñar con diligencia todo lo que sea una raíz de pecado en nuestras vidas. Luego tuvimos la comunión. Después el invitado nos guió en la adoración (de canto y danza) durante varias horas. La gente fue sanada de manera sobrenatural y esa noche dos personas recibieron a Yeshua como su Salvador personal. Todo lo que hicimos fue adorar al Dios de Israel tal como él nos mandó que lo hiciéramos. También he utilizado los elementos de la comida tradicional de la Pascua para enseñar a grupos de escolares que a través de toda la Escritura hay representaciones o figuras proféticas de Yeshua.

Una mirada al Shavuot

Cronológicamente, Shavuot (el Pentecostés), la Fiesta de las Semanas, es la siguiente en el calendario original judío (ver Levítico 23: 15 – 22). Este tiempo especial se celebra 50 días después de la ceremonia de los primeros frutos. Junto con otras ofrendas se presentaban a Dios dos lonjas de pan leudado. Deuteronomio 16: 9 – 17 indica que, aunque esta festividad acompañaba a la cosecha tenía el propósito de recordarnos que una vez fuimos esclavos en Egipto antes de que Dios nos liberara.

A medida que se desarrollaron nuestras tradiciones, Shavuot llegó a ser la fiesta que conmemora la promulgación de la Ley por parte de Dios. Evidentemente, tras hacer cálculos los rabíes llegaron a la conclusión de que este acontecimiento tuvo lugar en este día en el Monte Sinaí. Los judíos tradicionales leen en la sinagoga el libro de Ruth en este día y ocasionalmente se menciona a Shavuot como *Atzeret shel Pesach*, "la conclusión de la Pascua." En esta fiesta abundan los significados mesiánicos. Desde la perspectiva de Dios, el tiempo de la gran cosecha –cuando muchos judíos y luego gentiles comenzaron una relación personal con él–, se inicia con el Shavuot después de la resurrección de Yeshua (ver Hechos 2:40-43). Por lo tanto, los dos panes leudados (impuros) del Shavuot *pueden* simbolizar a los judíos y a los gentiles, que son presentados a Dios y pasan a ser parte de su familia.

Sin duda, las enseñanzas del apóstol Pablo respecto a nuestra antigua condición como esclavos del pecado (véase Romanos 6-8) nos recuerdan el mensaje del Shavuot: que antes éramos esclavos en Egipto. Dios nos liberó de la esclavitud del pecado al poner su Espíritu en nosotros para que podamos vivir como él desea (Romanos 8: 1 – 4). Siglos atrás, Dios puso su Espíritu (*Ruach HaKodesh*) de manera visible en los seguidores de Yeshua en aquel Shavuot trascendental (ver Hechos 2: 4).

Técnicamente, la obra de la expiación no está completa salvo que se haya lidiado con la naturaleza pecadora del hombre (*yetzer hara*, literalmente "inclinación maligna"), y se le haya entregado el poder para vencerla. La venida del Ruach HaKodesh fue la conclusión de la Pascua (Atzeret shel Pesach), la finalización de nuestra expiación en el sentido de que a través del Espíritu, Dios nos da el poder que necesitamos para vencer nuestra tendencia al mal. Yeshua mismo dijo esto en Juan 16: 7 (NVI): *"Les conviene que me vaya porque, si no lo hago, el Consolador* [Ruach HaKodesh] *no vendrá a ustedes; en cambio, si me voy, se lo enviaré a ustedes."*

El Shavuot tiene también otros significados mesiánicos. Dios habló de un tiempo en que él escribiría sus leyes en nuestros corazones (Jeremías 31: 32-33). Ezequiel 36: 25 – 27 también menciona que, en ese mismo suceso, Dios pone el Ruach (Consolador) en nuestros corazones. Por lo tanto, Dios asocia la entrega del Ruach con la acción de poner su Ley en nuestros corazones.

¿Qué otro momento más apropiado para poner su Espíritu de manera visible en su pueblo, que en Shavuot, la fiesta de la entrega de la Ley? Observemos que Ezequiel relaciona la entrega del Ruach con rociar agua sobre nosotros. Los judíos marroquíes tienen una antigua costumbre que hacen en Shavuot. ¡Se arrojan agua unos a otros! [4] Este se convierte en un símbolo más mediante el cual Shavuot muestra a Dios poniendo visiblemente el Ruach en los seguidores de Yeshua.

Cómo celebrar el Shavuot (Pentecostés)

Como congregación, hemos comenzado el culto de Shavuot o Pentecostés de diferentes maneras. Por ejemplo, con una procesión. Mientras se toca una música lenta, hay una hilera de seis a ocho personas que caminan de a uno, y cada uno lleva algún elemento como una menorah, la Biblia, una gavilla de trigo, estandartes, la bandera israelí, o dos lonjas de pan. Estos elementos se colocan sobre el altar. Oramos y luego comenzamos a alabar y adorar con alegría. Celebramos que Dios nos dio la Palabra, el Santo Espíritu, y a Yeshua: ¡nuestros primeros frutos!

Otro año, el Espíritu Santo nos guió a preparar una *Chupa* (un dosel o colgadura de bodas) y colocar una gran vasija de bronce debajo para celebrar un aspecto de Pen-

---

4. Véase a Hayyim Schauss, *The Jewish Festivals: A Guide to Their History and Observance* [Las Festividades Judías: Una Guía de su Historia y Celebración], (New York: Schocken Books, 1996), 95.

tecostés rara vez mencionado. Las Escrituras nos indican que demos en Shavuot una ofrenda de acuerdo a cómo hayamos sido bendecidos durante el último año. Ese fue un hecho generador de poder, porque la Biblia enseña que dar *es* adoración. ¡Ese Pentecostés recibimos la ofrenda más grande que Dios nos ha dado!

Celebren en el Espíritu Santo este día de fiesta maravilloso y sobrenatural, ya que es el día en que el Padre nos dio el Ruach. Ore, ayune, y pídale al Espíritu Santo que lo guíe. Tenga reuniones llenas del Espíritu; haga publicidad en su periódico local, en la televisión y en la radio. Celebre las dos lonjas de pan, judíos y gentiles, siendo el anfitrión de la celebración de Un Nuevo Hombre. Invite a judíos y gentiles a su fiesta de Shavuot. Adore al Dios de Israel con alegres danzas y música, y sea libre en el Espíritu. La adoración y la danza son maneras extraordinarias de incluir a todos porque son dos actividades que eliminan las inhibiciones al acercarse a Dios. ¡Tenemos tantas razones para estar agradecidos y gozosos! Dios nos ama tanto que nos entregó su Hijo y al Espíritu Santo. Esto sólo ya es razón suficiente para que yo quiera danzar y celebrar.

El mundo está lleno de congregaciones y sinagogas muertas. Debemos invitar su presencia y ser llenos de su Espíritu. No hay nada más poderoso para un incrédulo que experimentar el poder y la presencia de Dios. Si usted no está lleno del Espíritu Santo, pídale esa llenura al Padre, en el nombre de Yeshua. Pídale que le dé la capacidad de orar en lenguas y hablar la Palabra de Dios. De eso se trata esta celebración: La Palabra y el Espíritu Santo. Hace más de 2.000 años que Pedro se rindió al Espíritu Santo (vea Hechos 2), y 3.000 judíos fueron salvos. Sea lleno del Espíritu Santo, hable la Palabra de Dios, y tenga 3.000 personas salvadas en su celebración. Actúe bajo la unción de Un Nuevo Hombre.

Una mirada a Rosh Hashanah

Esta festividad bíblica surgió como *"una conmemoración con toques de trompeta, una fiesta solemne"* (Levítico 23: 23 - 25 NVI), una reunión santa. Hoy lo celebramos como el Año Nuevo porque, de acuerdo con la tradición, en este día Dios creó el mundo. A Rosh Hashanah también se le da el nombre de "día de recordación" (*Yom HaZikaron*) o el "día del juicio" (*Yom HaDin*) debido al comienzo de los Días de Temor y Veneración. El primer nombre destaca la fidelidad de Dios a su pacto y sus promesas; el segundo su rectitud y justicia. Aún así, esta festividad implica gozo y deleite (que se ve reflejado en la costumbre de comer cosas dulces como manzanas en miel).

El *Taslich,* una ceremonia muy interesante, surgió como parte del cumplimiento de Rosh Hashanah. En esta ceremonia los devotos judíos se dirigen al borde de una masa de agua y vacían sus bolsillos o arrojan piedras dentro del agua. Mientras lo hacen, repiten Miqueas 7:18-20, el pasaje que dice que *"Dios echará en lo profundo del mar todos nuestros pecados"*.

Debido a que Rosh Hashanah surgió como la conmemoración en la que se tocan trompetas, el *shofar* (trompeta) tiene un rol importante. Según los rabinos simboliza, entre otras cosas, el reinado de Dios y la venida de la Era Mesiánica (*Olam Haba*).

Rosh Hashanah tiene un profundo significado mesiánico. Los rabinos enseñaban que un día el shofar sonaría y vendría el Mesías. En su venida, los muertos se levantarían. [5] Más o menos una década después de Yeshua, el apóstol Pablo habló del regreso del Mesías al declarar que Yeshua regresaría por sus seguidores y que, a partir de entonces gobernaría la tierra como el Rey Mesías. Las personas hablan de este evento como el Rapto o la Segunda Venida de Yeshua. Cuando describe el rapto, Pablo dice: *"El Señor mismo descenderá del cielo con voz de mando, con voz de arcángel y con trompeta* (shofar) *de Dios, y los muertos en Cristo resucitarán primero"* (1° Tes. 4: 16). Sin lugar a dudas ese día se caracterizará por el gozo, el deleite y la dulzura. (Por eso, en esta fiesta, bañamos las manzanas con miel).

Esta resurrección tan especial es, como la ceremonia del Taslich nos recuerda, para quienes permitieron que Dios arrojara sus pecados al mar al aceptar a Yeshua como Mesías. En ese momento seremos una nueva creación; recibiremos nuevos cuerpos (1ª Corintios 15: 50 - 53). Recuerde que, tradicionalmente, Rosh Hashanah conmemo-

---

5. Para mayor información, leer a Joseph Hertz en su libro *Daily Prayer Book* [Libro de Oraciones Diarias] 865.

ra la creación original. Si bien el Rapto es una señal de la fidelidad de Dios para con nosotros (*Yom HaZikaron*, día de recordación), también anuncia un tiempo de juicio en el mundo (*Yom HaDin*, día del juicio).

En Levítico, el término *memorial* no significa recordar algo pasado, sino que llama la atención sobre algo que está a punto de suceder. Al celebrar Rosh Hashanah, deberíamos esperar el tiempo del regreso de Yeshua.

Una mirada al Yom Kippur

Levítico 23: 26 - 32 describe el Día de la Expiación como un tiempo muy solemne de introspección y arrepentimiento. Aquellos que no cumplían con este día santo eran castigados con severidad. En Yom Kippur, sólo el sumo sacerdote podía entrar a la parte más sagrada del santuario. Luego de hacer un sacrificio por sí mismo, traía la sangre del sacrificio que había hecho por el pueblo (Levítico 16). En este día se hacía expiación por toda la nación con un macho cabrío que moría en lugar del pueblo. (Según los estudios más recientes, *expiación*, en hebreo *kippur*, significa "rescate mediante un substituto").

La celebración tradicional ha mantenido la solemnidad de este gran día de arrepentimiento. Todavía existen reminiscencias, entre algunos grupos judíos, del sacrificio del Yom Kipur en la costumbre de *Kaporot*. Ésta consiste en balancear un pollo sobre la cabeza mientras se recitan las siguientes palabras: "Este es mi sustituto, esta es mi conmutación; este pollo morirá; pero yo seré reunido y entraré a una larga vida de paz y felicidad".

Los significados mesiánicos son abundantes. Los cultos durante el período de Rosh Hashanah y de Yom Kipur se refieren constantemente al hecho de que Isaac fue atado y llevado a su sacrificio (*Akeda*). Los rabinos enseñan que de alguna manera Dios acepta a favor nuestro el sacrificio de Isaac. Este sacrificio es una bella figura del sacrificio del Mesías (véase Hebreos 11: 17 – 19), que Dios aceptó en beneficio nuestro. La porción *Haftorá* de Yom Kipur es el libro de Jonás, el profeta que pasó tres días en el vientre de un gran pez antes de salir a tierra. Cuando a Yeshua lo desafiaron a dar prueba de su condición mesiánica, señaló el ejemplo de Jonás (ver Mateo 12: 39 – 40). Él utilizó a Jonás como un cuadro de su propia muerte y resurrección. Una oración *musaf,* que se encuentra en muchos antiguos libros de oración de Yom Kipur, muestra un significado mesiánico adicional.

> *El Mesías, que es nuestra justicia, se ha alejado de nosotros. Estamos alarmados; no tenemos a nadie que nos justifique. Él llevó nuestros pecados y el yugo de nuestras transgresiones. Fue molido por nuestras iniquidades; llevó sobre sus hombros nuestros pecados. Por sus heridas fuimos sanados. Que el Dios Todopoderoso apresure el día de su regreso a nosotros. Que podamos oír en el Monte Líbano por segunda vez del Mesías ("Oz M´lifnai B´reshit").*

El apóstol Pablo habla de un tiempo futuro cuando todo Israel será redimido y tendrá expiación (ver Romanos 11: 26). El profeta Zacarías también predijo este tiempo de redención nacional (véase Zacarías 12: 10; 13: 9). En el pasado se hacía expiación por todo Israel durante el Yom Kipur. En el presente este santo día se proyecta al futuro cuando *todo* Israel aceptará la expiación provista por el Mesías. Mientras esperamos ese día podemos celebrar el Yom Kipur dándole gracias a Dios por la expiación que está disponible a través de Yeshua, y orando porque más judíos lo reconozcan y lo acepten como su expiación. La tendencia del día también nos ofrece una oportunidad para la introspección, el arrepentimiento y una nueva dedicación a Dios (ver 2ª de Corintios 13: 5; 1ª de Juan 1: 9).

Cómo celebrar Rosh Hashanah (Año Nuevo) y Yom Kipur (Día de Expiación)

Nosotros celebramos Rosh Hashanah y el Yom Kipur como una sola fiesta. Comenzamos celebrando Rosh Hashana con alegría y expectativa de la venida del Mesías. Hacemos sonar el shofar para empezar la reunión con sonido de trompetas como nos manda Levítico 23. Entonces adoramos al Dios vivo con cantos y danzas. Hacemos que suene el shofar repetidamente mientras oramos por la congregación y por las personas en forma individual, rompiendo maldiciones, enfermedades y cualquier aflicción en el nombre de Yeshua. El sonido del shofar representa a los profetas de la antigüedad proclamando las promesas de Dios. Cuando el shofar suena, esperamos liberaciones, sanidades, salvación y milagros.

Yeshua nos dice en Mateo 24 que él regresará con un gran sonido de trompetas en el cielo. ¿Es esta la recordación de la cual habla Levítico 23? ¿Estamos practicando en cada Rosh Hashanah el tan esperado y grandioso sonido de trompetas en el cielo anunciando la llegada de Yeshua? En el evangelio de Mateo él dijo que cuando regrese juzgará a las naciones. ¿Ocurrirá ese período de juicio durante los "Diez Días de Temor y Veneración" que median entre Rosh Hashanah y Yom Kipur?

¿Será el Yom Kipur que sigue al período de juicio de Yeshua el "Juicio Final" cuando nuestros nombres se conserven o se borren del "Libro de la Vida del Cordero"? Yeshua dijo que: *"del día y la hora nadie sabe, ni aún los ángeles del cielo, sino sólo mi Padre"* (Mateo 24: 36). Cuando celebramos Rosh Hashanah y Yom Kipur lo hacemos con un sentir especial de entusiasmo expectante y nos preguntamos: "Cuando hagamos sonar el shofar este año, ¿oiremos un gran sonido en los cielos? ¿Regresará Yeshua este año?"

El Espíritu nos ha dirigido a ayunar entre Rosh Hashanah y Yom Kipur unidos como congregación. (La Torá nos manda a ayunar solamente el día de Yom Kipur.) Nos examinamos interiormente en busca de cualquier cosa que no agrade al Padre para desecharla. Oramos por la unidad entre nosotros como Cuerpo y le pedimos a Dios que nos haga un *Solo Nuevo Hombre*. Oramos colectivamente como

Cuerpo por la salvación de Israel y de las naciones. Este es también un tiempo perfecto para realizar reuniones evangelísticas.

Luego celebramos Yom Kipur que tradicionalmente es uno de los festivos más sombríos del año. Yeshua es nuestro Sumo Sacerdote que ha entrado al Lugar Santísimo una vez y para siempre rompiendo el velo, lo que nos permite tener una relación personal con nuestro Padre. Hemos tenido visitantes judíos en nuestro culto de Yom Kipur y nos preguntan por qué estamos tan contentos en un día tan sombrío. Qué oportunidad para hablar de Yeshua y traerlos a la celebración explicándoles que ellos tienen un sacrificio que los incluye, que su nombres es Yeshua, y que nosotros estamos alegres y emocionados por ello. Finalizamos nuestro ayuno de diez días con el sonido del shofar y la enseñanza de Hebreos 9. Celebramos el hecho de que nuestros pecados han sido lavados. Luego tenemos Comunión después de la adoración para entrar después al lugar santísimo mediante la sangre de Yeshua y allí pasamos tiempo con nuestro Padre. ¡Ese es el milagro de Yom Kipur!

Una mirada al Sukot

Levítico 23: 43 nos describe el Sukot (la Fiesta de los Tabernáculos) como un período de ocho días de regocijo. Aunque ocurre en el tiempo de la cosecha, la fiesta ignora virtualmente este tema pues conmemora la fidelidad de

Dios con Israel durante el tiempo que anduvo errante en el desierto después de su salida de Egipto.

La celebración tradicional ha mantenido el espíritu de gran regocijo durante Sukot. Como en los tiempos bíblicos, las comidas se deben consumir bajo las tiendas como un cuadro del peregrinaje del hombre bajo el cuidado de Dios y también como un recordatorio de la liberación de Egipto (ver Levítico 23: 43). Los participantes llevan las *lulav* ramas y el *etrog* (una fruta parecida al limón) en una procesión dentro de la sinagoga y agitan las ramas en cuatro direcciones. La costumbre de agitar las ramas se remonta a los tiempos antiguos cuando la gente del Cercano Oriente daba la bienvenida de esta manera a los dignatarios visitantes.

El séptimo día de la celebración, *Hoshana Raba*, deriva su nombre de las oraciones que se dicen en ese día. Dichas oraciones empiezan con la palabra hebrea *hoshana* ("salva ahora") e incluye algunas oraciones mesiánicas especiales. En sintonía con el espíritu de alegría, los participantes recitan los Salmos de *Hallel* (113 - 118) durante la celebración de la semana. Todo culmina en el día noveno con *Simchat Torá*, el día de regocijo por el don de Dios de la Ley dada al pueblo judío.

Durante la época del segundo templo, dos cosas que ya no se practican subrayaban la celebración. De una fuente cercana se llevaba agua al templo y se derramaba sobre el altar y se repetían las palabras de Isaías 12: 3: *"Sacaréis con gozo aguas de las fuentes de la salvación"*. Un desfile de antorchas que iluminaba el templo en la noche era el otro gran evento que posiblemente era expresión de un versículo de uno de los Salmos de Hallel, el Salmo 118: 27: *El Señor es Dios y nos ha dado luz"*.

Yeshua escogió estos dos eventos para destacar su misión como Mesías. Mientras el agua era derramada sobre el altar, anunció: *"Si alguno tiene sed, venga a mí y beba. El que cree en mí, como dice la Escritura, de su interior correrán ríos de agua viva"* (Juan 7: 37 – 38). Y mientras las antorchas alumbraban el templo, él proclamó: *"Yo soy la luz del mundo; el que me sigue, no andará en tinieblas, sino que tendrá la luz de la vida"* (Juan 8: 12).

Los significados mesiánicos también son abundantes en la festividad celebrada tradicionalmente desde la época del templo. Dos versículos de los Salmos de Hallel perduran: *"La piedra que desecharon los edificadores ha venido a ser cabeza del ángulo"* (Salmo 118: 22). Es una bella descripción del tiempo cuando Yeshua como Mesías reinará sobre la tierra. La agitación de las *lulav*, esa forma de saludo de bienvenida del Cercano Oriente se le tributará a él ese día. Una de las oraciones de Hoshana Raba se hace eco de esta bienvenida al Mesías:

Una voz anuncia y dice: Vuélvanse a mí y sean salvos, si oyen hoy mi voz. He aquí el hombre que crece, tronco y rama (6) es su nombre... Él da gracia a su ungido el Mesías. Concede salvación al pueblo eterno. A David y a su descendencia (7) para siempre...

---

6. Ambas son referencias al Mesías, semilla y tronco de David (cf. Isaías 9: 5 – 6; Jeremías 23: 5 – 6).

7. Véase la nota anterior.

Esta oración expresaba tempranamente la expectativa de la venida del Reino Mesiánico. Entonces la gente se regocija en la presencia de la Torá viva, Yeshua, el llamado Verbo de Dios (ver Juan 1: 14). Esa *Simchat Torá* no tendrá rival en su alegría y celebración. (*Simchat Torá* significa "regocijo por la ley" y ocurre inmediatamente después de la Fiesta de los Tabernáculos.) Zacarías 14: 16 – 19 describe este como el tiempo cuando no solamente Israel sino todas las naciones celebrarán la fiesta de Sukot y vivirán en tabernáculos.

Al celebrar sukot cada año podemos esperar el tiempo cuando los tabernáculos ya no serán un cuadro de nuestro peregrinaje bajo el cuidado protector de Dios. *Entonces* traerán a nuestra memoria el pasado, *antes* del reinado de *Yeshua HaMashiach* el Rey. Entretanto, las tiendas o tabernáculos nos recuerdan nuestra necesidad de depender de Dios y no de las cosas materiales (véase Mateo 6: 25 – 33).

Cómo celebrar Sukot (la Fiesta de los Tabernáculos)

Sukot conmemora el período de 40 años durante el cual los hijos de Israel anduvieron errantes en el desierto, viviendo en refugios temporales. Durante esta fiesta construimos en nuestro patio un *suká* (una cabaña o refugio temporal). También se puede ubicar en un balcón o terraza, si es que usted vive en un apartamento. Si ninguna de estas dos opciones es posible, puede compartir un suká con fami-

liares o amigos que tengan uno. En su biblioteca local o
en Internet puede encontrar instrucciones para construir
un suká. Es común y altamente recomendable decorarlo
con elementos de temporada, y celebrar así la cosecha y
la provisión de Dios. En los Estados Unidos se puede utilizar calabaza deshidratada, maíz, follaje colorido de otoño,
uvas y calabazas frescas, para decorar el suká.

Cuando los estadounidenses ven por primera vez un
suká decorado, comentan que les recuerda mucho el festivo americano del día de Acción de Gracias. Los primeros
colonizadores de los Estados Unidos que iniciaron la tradición del día de Acción de Gracias eran personas profunda-
mente religiosas. Acudían a la Biblia en busca de guía para
expresar su gratitud a Dios por la abundante cosecha, y
por un año más de supervivencia en la nueva tierra. Ellos
basaron sus primeras celebraciones de Acción de Gracias
en parte en la fiesta bíblica del Sukot.

Sukot es nuestra festividad favorita. En nuestro patio construimos una suká grande con una dimensión de
de aproximadamente 4 X 4 metros, las paredes con balas
de heno seco y la estructura con cuerdas de luces blancas
decorativas, e invitamos a parientes, vecinos y amigos a
adorar en él cada noche de la festividad.

Suká es también la fiesta cuando celebramos el nacimiento de Yeshua, quien es el Hijo del Dios Viviente,
nuestra Salvación y provisión, nuestro Proveedor y Refugio. Es un momento apacible cuando nos sentamos en

una hermosa noche de otoño con amigos y familiares para adorar a Dios con cantos y con danzas, regocijándonos por el nacimiento de nuestro Mesías. Esta fiesta es la más alegre de todas.

Hace unos años el Espíritu Santo nos guió a edificar un suká en nuestro santuario. Lo decoramos con hojas de colores caídas de los árboles en el otoño, con racimos de uvas, calabazas y pequeños fardos de heno. Mientras danzábamos ahí adorábamos a Dios, la gente era sanada. Una dama fue sanada de cáncer del colon mientras danzaba delante del Señor. Otra había soportado varias cirugías en un hombro tratando de resolver el problema de continuos dolores. Mientras adoraba al Señor, el Espíritu Santo tocó su hombro y ella inmediatamente se quitó el cabestrillo que había usado durante cinco meses, porque Dios la había sanado.

Otro año construimos nuestro suká y pusimos una cuna adentro con el niño Yeshua en ella mientras un grupo danzaba al son de la canción: "María, ¿sabías tú…?" Luego cantamos las canciones que proclaman nuestro amor por Dios y reconocen a Yeshua como nuestro Mesías.

Invite usted algunos amigos judíos y gentiles no convertidos a su suká para danzar y adorar delante del Dios de Israel. Dios actúa con poder en estos tiempos señalados de sus santas convocaciones. La gente verá a Yeshua en estas celebraciones.

Los Festivos Fuera del Ciclo Levítico
Una mirada al Purim

Purim conmemora los acontecimientos que narra el libro de Ester, al recrear la liberación de la mano de Amán y renovar la fe para sobrevivir a los adversarios como Amán, de otros tiempos. La celebración provee una atmósfera de alegría tipo carnaval. Amán intentó exterminar a los judíos, de modo que el festivo es el recordatorio de la continuidad del compromiso de Dios con Israel. Pero el contexto de Purim, nos recuerda que *Dios nos ha preservado durante nuestro exilio*. La naturaleza desordenada, estridente y carnavalesca de Purim sirve entonces para recordarnos la preservación de nuestra gente por parte de Dios a través de los años del exilio hasta que reine el Mesías y el desorden desaparezca.

Cómo celebrar el purim

Purim es una manera extraordinaria de enseñar a otros acerca de los planes y propósitos de Dios para Israel a pesar del antisemitismo.

Nos preparamos para celebrar Purim lo mismo que para celebrar las otras fiestas. Comenzamos buscando la guía del Espíritu Santo en oración. Previamente presentamos una obra de teatro relativa a la fiesta, mezclando la historia tradicional con la historia moderna y vernácula, vistiendo y describiendo a Amán como un terrorista o un moderno dictador del Medio Oriente. (Esto queda abierto a la interpretación.) En una ocasión hicimos que Vasti actuara como una adolescente rebelde que rehusaba someterse a la autoridad, y mostramos a Mardoqueo y Ester como ejemplos de santidad y obediencia al someterse a la voluntad de Dios en vez de hacer la suya propia. Ese es un mensaje impactante tanto para judíos como para gentiles.

La representación teatral proveyó un medio maravilloso para enseñar a los niños y adultos sobre los planes de Dios para Israel y Jerusalén, y acerca de la importancia profética del pueblo judío en los últimos días. Enfatiza el deseo de Dios de que apoyemos a Israel y al pueblo judío, aún a costa de nuestras propias vidas. Las palabras de Mardoqueo dirigidas a la reina Ester son válidas para todos los creyentes de hoy:

> *No pienses por un momento que escaparás aquí en el palacio cuando todos los demás judíos sean muertos. Si guardas silencio en un momento como este, de cualquier otro lugar vendrá liberación para los judíos, pero tú y tu familia morirán. Y lo que es más: ¿quién sabe si has sido elevada a esta posición en palacio precisamente para un tiempo como este? (Ester 4: 13 – 14, NLT).*

También hemos celebrado Purim seleccionando siete u ocho individuos para que lean ante la congregación una porción escogida del libro de Ester. Antes de empezar el culto suministramos matracas a los asistentes. Instruimos a la gente para que cuando quiera que se escuche el nombre de Amán silben, rechiflen y hagan mofa; y cuando se mencione el nombre de Mardoqueo, que aplaudan y hagan sonar las matracas. Todo esto tiene un tremendo impacto para los niños que deben permanecer en el santuario durante esta lectura. Ellos escuchan la historia con atención esperando oír el nombre de Mardoqueo o de Amán. Concluimos la celebración con gozosa alabanza y adoración, incluyendo danza. El pueblo de Israel está vivo hoy gracias a la intervención divina. ¡Qué tremenda razón para celebrar y adorar al Dios vivo!

Una mirada a Hanuka

Hanuka nos recuerda la victoria ganada por los Macabeos en el año 165 a. C., la cual aseguró la pureza de la adoración a Dios y preservó la condición única de Israel y la identidad del pueblo judío. Después que Dios concedió esta extraordinaria victoria, la gente limpió y dedicó otra vez el templo. El gobernante sirio Antíoco había contaminado el templo y lo había convertido en un relicario pagano. Por lo tanto, Hanuka se originó como el festival de la dedicación o limpieza del templo.

Yeshua usó la Fiesta de la Dedicación (ver Juan 10: 22) para proclamarse a sí mismo como el Buen Pastor (véase Juan 10: 1 – 18). En los escritos judíos, a los líderes de Israel se les presenta como pastores, ya sean buenos o malos. (Por ejemplo los Macabeos están considerados entre los buenos pastores.) Yeshua se proclamó a sí mismo como el Buen Pastor *por excelencia*.

El profeta Daniel predijo el surgimiento de Antíoco y su acción de contaminar el templo (véase Daniel 8: 11). También lo utilizó para representar un personaje del futuro a quien los teólogos cristianos llaman el Anticristo (o antimesías). Él también contaminará el templo (en este caso el tercer templo, el cual todavía no se ha construido). El antimesías causará gran persecución a los judíos; este período es conocido como el día de angustia de Jacob (ver Jeremías 30: 4 – 7 y Zacarías 13: 8 – 9). Durante este tiempo vendrá el Mesías como el gran Líder-Pastor y obtendrá una tremenda victoria, mayor que la que ganó Yehudah [Judas] el Macabeo (véase Zacarías 12 a 14; y 1ª de Pedro 5: 4). Él salvará a Israel y establecerá su reinado mundial.

Hanuka rememora una victoria y la preservación de los judíos estando *en su tierra*. Para nosotros apunta también a un tiempo futuro cuando nuestro pueblo judío será preservado a pesar de intenso sufrimiento. Esta preservación, también en su propia tierra, culminará con la victoria que ganará el Gran Pastor Yeshua.

Purim, entonces, muestra que fuimos preservados de la exterminación a manos de nuestros enemigos cuando estábamos en el exilio, y Hanuka representa esa preservación en nuestra tierra. Ambas proclaman el reinado del Mesías.

Cómo celebrar Hanuka

Hanuka es una historia de milagros, santificación y salvación. Qué tiempo tan fantástico del año para compartir el mensaje de Yeshua. No fue por accidente que el Salvador del mundo fue concebido milagrosamente durante el Festival de las Luces. Un año celebramos este milagroso festivo en adoración y danzas. Nuestro grupo de danza realizó el culto y contó la historia de Yeshua y Hanuka mediante cantos y danzas. En medio de las danzas un narrador contó historias de milagros durante Hanuka en varios períodos de la historia como durante el Holocausto, las pogroms (persecuciones y masacres) en Rusia, y el período Macabeo. Hemos tenido numerosos casos de visitantes que reciben a Yeshua en este culto festivo. Anunciamos nuestra reunión de Hanuka en el periódico local y en la radio, y atraemos a judíos y gentiles, creyentes y no creyentes. Centenares de personas vienen por curiosidad para ver de qué se trata este festival.

En algunos de los años anteriores, un congregante escribió y dirigió una obra teatral de Hanuka para narrar los milagros y la relación entre el Festival de las Luces, y la Luz del Mundo, Yeshua. Esta pieza teatral tocó muchas vidas y la gente se ofreció a dedicarse de nuevo y limpiar sus templos (sus corazones) ante Dios. Algunos recibieron por primera vez a Yeshua. Repito que estas celebraciones enseñan a los niños y ofrecen una oportunidad para que el Cuerpo de Yeshua se reúna, adore y recuerde las cosas milagrosas que Dios ha hecho por nosotros.

Pensamientos finales del Rabí Eric Carlson

Yeshua cumplió con los preceptos de los días de fiesta para que nosotros fuésemos libres de entrar a la presencia del Padre, tener comunión con él, ser llenos del Espíritu Santo y conocer la voluntad de Dios. Dios nos dio las fiestas para practicar las celebraciones que disfrutaremos cuando entremos al cielo. Las fiestas son una manera de compartir a Yeshua con judíos y gentiles. Son una visión profética de lo que está por venir. Cuando Yeshua regrese, todas las naciones irán a Jerusalén a celebrar estas festividades. Las fiestas son nuestra cultura bíblica que nos une con Israel mediante shalom (paz) y unidad en Yeshua. Los días de fiesta bíblicos son de Dios y, según sus propias palabras, se deben celebrar por siempre. Celebremos las fiestas llenos del Espíritu Santo como el Hombre Nuevo: ¡Yeshua!

Después de cada festivo o cada celebración tenemos un "deleite festivo". ¿Cómo lo hacemos? Preparamos los alimentos o comidas tradicionales de los festivos (la mayoría de las veces como una comida de olla común, es decir que cada familia trae su receta o plato favorito). Decoramos un salón de reuniones según el tema del festivo que se celebra. En Hanuka usamos una gran cantidad de luces. Para Sukot utilizamos follaje de otoño y calabazas. Luego invitamos a todos los asistentes a la reunión a este salón para compartir con nosotros, para comer y tener compañerismo con los demás. Recibimos numerosos visitantes en nuestras celebraciones que luego se nos unen y hacen preguntas persona a persona en el salón de reuniones (el cual es bastante sencillo) y luego reciben a Yeshua. Estas reuniones proveen una cómoda atmósfera familiar en donde la gente se siente relajada y abierta a la discusión y a hacer preguntas acerca de Yeshua. Practicamos el compañerismo y la intimidad de la acción interpersonal que se ha perdido en la sociedad electrónica e impersonal.

10

La ley de la evangelización

UN DÍA LLUVIOSO en Rockville, Maryland, decidí visitar la biblioteca del Centro de la Comunidad Judía. Un libro sobre los judíos de China atrajo mi atención. Mostraba fotos de judíos chinos de Kaifeng cuyos antepasados habían ido a China muchas generaciones antes. Fueron como comerciantes de seda y vivieron en diferentes ciudades a lo largo de la "Ruta de la Seda". Noté también la referencia a Isaías 49: 12: *"He aquí estos vendrán de lejos; y he aquí estos del norte y del occidente, y estos de la tierra de Sinim"*. El autor decía que la palabra *Sinim* es el nombre hebreo de China. Imagínese –pensé yo–, Dios predijo que habría judíos en China. Jamás había oído hablar de judíos chinos. Pero además, Dios dijo que regresarían a Israel en los últimos días.

En 1995, Bob Weiner, un conferencista itinerante, le dijo a la iglesia local en donde yo asistía que en China había empezado un avivamiento. El pastor Bill Ligón me preguntó si yo quería hacer equipo con él para llevar a un grupo allá. Inmediatamente le dije que lo haría si podíamos ir a Kaifeng. Mi motivación para ir allí es la *Ley de la Evangelización*. Si podíamos alcanzar a los judíos, Dios bendeciría nuestros esfuerzos para alcanzar a todos los demás.

En Kaifeng conocí a un judío chino quien me llevó al cementerio de su familia. Con orgullo me mostró las tumbas de sus antepasados judíos de 12 generaciones. Otro judío chino me dijo:

"¡Yo soy judío, y le dije a mi hijo que él es judío y debe vivir en Israel!"

Este hombre no sabía nada de Judaísmo ni de cristianismo. ¿Cómo podía saber que miles de años antes Dios había dicho en la Biblia que los judíos de China regresarían a Israel? Después de eso, él y su familia emigraron a Israel. Esta familia y muchas otras familias judías de China han recibido a Yeshua como Mesías.

Como parte del viaje llevamos cantantes y danzarines a Kaifeng para celebrar la Fiesta de los Tabernáculos. Este evento fue televisado para toda la ciudad. Cuando fuimos a los judíos primero, Dios abrió una puerta para alcanzar toda el área.

No haga concesiones

Un exitoso escritor cristiano escribió un libro en el cual dice que no es bíblico ir con el evangelio "a los judíos primero". Argumenta que el pueblo judío ha sufrido mucho y no se le debe tener como objetivo de evangelización por parte de cristianos excesivamente entusiastas. Un cristiano bien intencionado que lea eso no sentirá la necesidad de evangelizarlos. Muchos creyentes que dicen amar a los judíos comparten esta antisemita forma de pensar. Estoy seguro que su amor por los judíos y por Israel es genuino, pero necesitan darse cuenta de que el acto más antisemita es *no* compartir el evangelio con ellos. Estos cristianos deben tener cuidado en no valorar más su relación con la comunidad judía que su obediencia a la Palabra de Dios.

Es cierto que después de todos estos siglos de persecución por parte de los así llamados cristianos, tenemos que amarlos. Pero solamente los actos de amor sobrenatural derretirán los siglos de incomprensión. Pero no caiga en la trampa de un amor sin Yeshua.

Hace varios años, un pastor amigo mío me contó una triste historia. Tenía amistad con un rabí Ortodoxo. A través de los años este rabí le enseñó al pastor muchas cosas de las Escrituras judías. Luego perdieron contacto. Después de muchos años el pastor llamó al rabí quien ya era anciano. Éste derramó lágrimas cuando oyó la voz de su amigo; realmente lo amaba. Poco después murió el rabí. Cuando mi amigo me contó la historia lo miré a los ojos y le pregunté:

"¿Compartió usted el evangelio con él?"

Hizo entonces una pausa y pude ver los pensamientos que pasaron por su mente. Aunque no lo dijo, yo sabía que jamás se le había ocurrido hablarle de Yeshua a este su amigo judío. Trágicamente este es un ejemplo típico del veneno que ha intoxicado a muchos cristianos gentiles. Que las palabras de Ezequiel 3: 17 – 18 resuenen en nuestros oídos:

> *Hijo de hombre, yo te he puesto por atalaya a la casa de Israel… Cuando yo dijere al impío: De cierto morirás; y tú no le amonestares ni le hablares para que el impío sea apercibido de su mal camino a fin de que viva, el impío morirá por su maldad, pero su sangre demandaré de tu mano (Ezequiel 3: 17 – 18).*

> *Y en ningún otro hay salvación; porque no hay otro nombre bajo el cielo, dado a los hombres, en que podamos ser salvos (Hechos 4: 12).*

Sigamos el patrón

La *Ley de la Evangelización* se encuentra en la Carta a los Romanos 1: 16: *"Porque no me avergüenzo del evangelio* [del Mesías] *porque es poder de Dios para salvación a todo aquel que cree;* **al judío primeramente***, y también al griego"*. Este fue el orden *histórico* divino para alcanzar al mundo, pero es también el orden *espiritual*.

Este patrón se encuentra a través de todas las Escrituras. Cuando Dios quiso redimir al mundo comenzó con Abram, que luego se convirtió en Abraham, el padre del pueblo judío. Dios fue primero a los judíos para redimir al mundo. Cuando Yeshua vino a los judíos primero, abrió una puerta sobrenatural para todos los pueblos. Él mandó a sus discípulos: *"Id antes a las ovejas perdidas de la casa de Israel"* (Mateo 10: 6). El Mesías sabía que plantar la semilla primero en el judío abriría la puerta para evangelizar al mundo. Siendo que los judíos están esparcidos por los cuatro puntos cardinales de la tierra (véase Isaías 11: 12), cuando usted va a ellos alcanza virtualmente a todos los demás también. Pablo también siguió este patrón según Romanos 1: 16.

El principio que es causa de la *Ley de la Evangelización* se encuentra en Génesis 12: 3. Dios promete bendecir a quienes bendigan a los judíos. Al sembrar semillas entre ellos compartiéndoles las buenas nuevas, recogeremos una abundante cosecha entre los gentiles. John Owen, uno de los más grandes teólogos puritanos, conocía esta asombrosa verdad. Dijo: "No hay una promesa en ningún lugar de levantar un reino para el Señor Jesucristo en este mundo, pero sí se ha expresado o insinuado con claridad que el principio del reino debe ser con los judíos" [1]

Dios dice que en los últimos días derramará su Espíritu sobre toda carne. Como resultado, las hijas y los hijos judíos profetizarán (ver Joel 2: 28). El pueblo judío vivirá

---

1. John Owen citado en I.D.E. Thomas, *A Puritan Golden Treasury of Quotations* [Un Tesoro de Oro de Citas Puritanas], (Carlisle, PA: Banner of Truth Trust, 1977) 155, 157, citado por Michael Brown en *Our Hands Are Stained With Blood* [Nuestras Manos Están Manchadas de Sangre], (Shippensburg, PA: Destiny Image, 1992), 20

un importante avivamiento. El profeta Joel dice que esto ocurrirá en el tiempo cuando las naciones tratarán de repartirse la tierra de Israel (ver Joel 3: 2). Éste será el catalizador del más grande avivamiento en toda la historia. Zacarías dice:

> *Así ha dicho el Señor de los ejércitos: "En aquellos días acontecerá que diez hombres de las naciones de toda lengua tomarán del manto a un judío, diciendo: Iremos con vosotros, porque hemos oído que Dios está con vosotros" (Zacarías 8: 23).*

Dios hará que su lluvia temprana (el derramamiento de su Espíritu sobre el pueblo judío), y su lluvia tardía (el derramamiento sobre los cristianos) descienda *al mismo tiempo* (ver Joel 2: 23). La lluvia trae vida a la cosecha. Este milagro específico no ha ocurrido nunca en la historia. ¡El derramamiento sobrenatural de dos lluvias simultáneas producirá una cosecha de multitud de almas salvadas!

Tú y tu casa

Cuando les digo a los creyentes que es necesario que alcancen a la gente judía con el evangelio, algunos me responden exasperados:

"He tratado de hablar de Yeshua con judíos, pero no están interesados".

Este es el tiempo señalado por Dios para alcanzar a Israel. Pero no se puede lograr mediante los métodos humanos. Yo soy un experto en cuanto a cómo *no* se puede; he utilizado casi todas las formas. Aunque la mayoría de métodos han dado resultado en alguna medida, el avivamiento profetizado en Joel 2: 28 aún no se ha manifestado plenamente. Si es el tiempo señalado por Dios para alcanzar a los judíos con el evangelio y formar la Gloriosa congregación de Hombres Nuevos, ¿cómo, entonces, ocurrirá?

Dios me ha dado un ejemplo profético a través de mi padre. Cuando acepté al Señor quedó impactado, furioso y avergonzado. Mi papá nació en Polonia en una familia judía tradicional. Pero no fue criado para amar a los cristianos, por decir lo menos. Me contaba que cuando era joven escupía cuando pasaba frente a una iglesia. Cada vez que hablábamos de Yeshua la conversación terminaba en gritos, ira y muchas ofensas. Mi testimonio público de Yeshua lo avergonzaba.

Mi madre en cambio era otra historia. También era judía pero nació en los Estados Unidos. Aunque asistía a la sinagoga tradicional por complacer a mi padre, no era muy ferviente. Cuando yo acepté al Señor ella no se alegró, pero nunca permitió que esto afectara su amor por mí. Estaba agradecida de que mi experiencia con Dios hubiera restaurado mi matrimonio y me hubiera convertido en una persona mucho más responsable. Pero aunque toleraba mis creencias no estaba muy dispuesta a seguirlas. Cuando le mostraba las profecías que prueban que Yeshua es el Mesías judío no le hacían ningún efecto. Cuando oraba por ella y por otras personas que habían sido sanadas, mi madre se mostraba interesada pero no cambiaba. Finalmente, al observar a través de los años la paz y el sentido de realización que yo disfrutaba, el Señor obró en ella y recibió a Yeshua como el Mesías de los judíos.

Inmediatamente después que tuve mi experiencia con Yeshua comencé a testificar. Dondequiera que hablaba le pedía a la gente que orara por la salvación de mi padre. Mi madre no era muy optimista al respecto y suspirando me decía:

"Tu padre nunca creerá en Jesús".

Pero yo le respondía sin la menor duda:

"Yo *sé* que él llegará a ser un creyente".

De ahí en adelante comencé a repetir esta declaración frecuentemente:

"*Sé* que mi padre llegará a ser un creyente".

Lo dije esto tantas veces que yo mismo empecé a creerlo. Mi madre no me quería ver frustrado. Estaba segura que era imposible que una persona judía como era mi padre, creyera. Pero Yeshua dice en Marcos 11: 23: *"Si puedes creer, al que cree todo le es posible"*. Y desde entonces yo pasé de la esperanza, a la fe.

Cuando mi madre murió, mi padre me pidió que fuera a la sinagoga diariamente durante un año y elevara una oración recordatoria (*Kaddish*) por ella. Yo sabía que eso no le haría ningún beneficio porque ya estaba en el cielo. Pero para tranquilidad de mi padre, iba y oraba. Muchas personas en la sinagoga que no gustaban del hecho de que yo fuera un creyente declarado le dijeron a mi padre que yo era un buen hijo por ir todos los días a la sinagoga. Después de ese año mi padre tuvo muchos encuentros con la muerte. Recuerdo que yo le decía:

"Papá, usted no se puede morir pues todavía no ha recibido a Yeshua".

Entonces recibí la llamada de mi hermana Shirley. "Mi padre se está muriendo" me dijo. Shirley y su esposo Marc habían sido creyentes en el Mesías casi por tanto tiempo como yo.

"Esto está mal –me dijo ella–. Es mejor que vengas".

Sin dudarlo un instante tomé el primer vuelo.

Algo poco común me había ocurrido una semana antes. La maravillosa paz de Dios había inundado todo mi ser. Tal cosa había ocurrido antes, pero esta vez fue diferente. Era una paz que permanecía conmigo 24 horas al día y se hacía cada vez más intensa. No sabía cuál era la razón, pero estaba agradecido.

Cuando llegué al hospital encontré a mi hermana y fuimos directamente a la unidad de cuidados intensivos. Mi padre tenía 83 años y un cáncer de próstata. Éste había invadido sus huesos y sabíamos que podía morir en cualquier momento. Su voz era tan débil que escasamente podía susurrar algo. Entonces le pregunté:

"Papá, ¿quieres estar en el mismo lugar donde está Mamá? Ella solía decir: `el cielo debe ser un lugar maravilloso´. ¿Quieres hacer de Yeshua tu Mesías y Señor?" le insistí.

"¡Sí!", –me respondió, y entonces oramos.

Pero luego mi hermana dijo:

"Sid, yo no escuché su respuesta".

"Su respuesta fue suficiente. Yo lo escuché".

Mi hermana puso sus manos en la cintura, y dijo:

"Yo no estoy segura".

Y dirigiéndose a Papá le preguntó:

"Papá, ¿quieres hacer de Yeshua tu Mesías y Señor?"

"¡Sí!" –exclamó mi padre haciendo uso de todas sus fuerzas.

Shirley comenzó a saltar y a celebrar en voz alta:

"¡Gracias, Yeshua! ¡Gracias!"

Mi hermana era una aplomada maestra de escuela, de modo que esta explosión emocional era totalmente extraña a su forma de ser. Además *se espera* que en una unidad de cuidados intensivos uno debe permanecer muy callado. Traté de calmarla pero fue en vano. Entonces me dijo: "Le prometí al Señor que saltaría de alegría cuando Papá fuera salvo".

Mi padre partió para la gloria al día siguiente.

La unción destruye el yugo

Muchas personas han testificado a judíos y no han tenido ninguna señal visible de éxito, y por eso han dejado de hacerlo. Pero ahora estamos en el tiempo oportuno. Este es el tiempo determinado para Sión. Dios tiene que restaurar las ramas judías en el olivo. No podemos tener la "iglesia gloriosa" hasta que se derrumbe la pared de separación entre judíos y gentiles dando paso al nacimiento de Un Solo Hombre Nuevo. Otra vez Dios tiene misericordia de Israel.

¿Cómo fue salvo mi padre? ¿Recuerda la unción que vino sobre mí una semana antes de su muerte? *"Y el yugo se pudrirá a causa de la unción"* (Isaías 10: 27). La unción del Espíritu Santo destruye los yugos demoniacos de incredulidad. Alístese para recibir la unción para la evangelización de los judíos que Dios está derramando. Todas las cosas son posibles para el que cree. Si un judío como mi padre pudo ser salvo, ¡así serán los judíos que Dios cruzará en su camino! *"No con ejército, ni con fuerza, sino con mi Espíritu, ha dicho el Señor de los ejércitos"* (Zacarías 4: 6).

Un Cordero para una Casa

Yo tengo la bendición de que toda mi familia conoce a Yeshua. Esa es la norma de Dios. En el libro de Éxodo Dios dijo que el cordero sacrificado en la Pascua es para toda la familia (ver Éxodo 12: 3). Toda la familia de Noé fue salva del diluvio (ver Génesis 7: 1). El cordón de grana, que representa la sangre, libró de la muerte a la familia completa de Rahab (ver Josué 2: 18). Josué conocía el sentir del corazón de Dios en cuanto a la salvación de las familias cuando dijo: *"Yo y mi casa serviremos al Señor"* (Josué 24: 15). Cuando Cornelio, el centurión gentil, aceptó a Yeshua como Salvador, toda su familia fue salva también (ver Hechos 10: 24 y 44). En Hechos 16: 31, Pablo le dijo al carcelero de Filipos: *"Cree en el Señor Jesucristo, y serás salvo, **tú y tu casa"**.

La ley judía en cuanto a la evangelización tiene validez no solamente para un miembro sino para toda la *mishpocha* (familia). ¡Usted y su familia serán salvos! ¡Un Cordero para una familia!

11

Volvamos a lo fundamental

MIS RECUERDOS INFANTILES de la Pascua incluyen el plato vacío sobre la mesa para Elías el profeta. Cada año esperábamos que el profeta anunciara la venida del Mesías. Yo, incluso, iba y abría la puerta en caso de que Elías estuviera afuera esperando. Y cada año me sentía frustrado. Esta práctica tiene su base en la profecía de Malaquías:

> *He aquí, yo os envío el profeta Elías, antes que venga el día del Señor, grande y terrible. El hará volver el corazón de los padres hacia los hijos, y el corazón de los hijos hacia los padres, no sea que yo venga y hiera la tierra con maldición (Malaquías 4: 5 – 6)*

Al crecer me di cuenta que muchos judíos tradicionales no creían que el profeta fuera a venir; pensaban que era tan sólo una fábula. Cuando me convertí en judío mesiánico aprendí que Elías ya vino. Yeshua dejó en claro que la mención a Elías en la profecía de Malaquías se refiere a Juan el Bautista (ver Mateo 17: 10 – 13). Lucas 1: 17 dice que Juan *"vendría con el espíritu y el poder de Elías"*. En otras palabras, el mismo espíritu que estaba en Elías estaría en Juan.

Pero, ¿qué en cuanto al resto de la profecía? Pablo nos dice que los padres de la fe son judíos (ver Romanos 9: 4 – 5). Los hijos representan a los cristianos porque éstos han recibido una herencia espiritual de los padres judíos: Abraham, Isaac y Jacob. Así que Malaquías advierte que si judíos y cristianos no están unidos en los últimos días, recibiremos maldición en vez de bendición.

Recuerde que el favor de Dios seguía al tabernáculo judío (ver Génesis 12: 3). Dondequiera que el tabernáculo iba, llevaba la bendición a quienes eran obedientes a Dios. Cuando el pueblo judío sea restaurado en el olivo, traerá la bendición de Dios. Esto es exactamente lo que Pablo visualizó y dijo en Romanos:

> *Y si su transgresión es la riqueza del mundo, y su defección la riqueza de los gentiles, ¿cuánto más su plena restauración? Porque si su exclusión es la re-conciliación del mundo, ¿qué será su admisión, sino vida de entre los muertos? (Romanos 11: 12, 15).*

Alístese para el nuevo derramamiento del Espíritu de Dios sobre los huesos secos de Israel. Traerá bendiciones, resurrección y vida a la Iglesia, y provocará el más grande avivamiento de la historia.

El diablo no se quedará con las manos cruzadas. Estemos en guardia contra el mayor engaño en la historia de la Iglesia. La Teología de la Sustitución entrará en auge. Otra de las estrategias del diablo para retrasar el accionar de Dios será volver legalista el movimiento de las raíces judías. Los espíritus religiosos harán que algunos cristianos crean que si no pronuncian el nombre de Dios en hebreo o si no adoran en Sábado, les costará la salvación. Tratarán de hacer sentir ciudadanos de segunda clase a quienes celebran las fiestas cristianas tradicionales.

No me mal interprete. Creo que hay bendiciones sobrenaturales en las expresiones de celebración de las fiestas en el Nuevo Pacto: Me encanta referirme a Jesús por su nombre hebreo, Yeshua. Disfruto celebrando mi Shabat el Sábado, el día bíblico que Dios escogió. Sé que hace siglos muchas tradiciones de la Iglesia se mezclaron con prácticas paganas por razones políticas y antisemitas. Sé también que después que esto ocurrió, la Iglesia perdió la intimidad y el poder de Dios y pasó a ser una religión muerta. Pero *por favor* no cometa el mismo error con lo que Dios mismo está restaurando en la libertad del Nuevo Testamento. Provoquemos a otros a celos por el derramamiento del Espíritu de Dios en amor y poder cuando adoremos en las fiestas bíblicas.

De otro lado los mismos espíritus religiosos están obrando en la Iglesia gentil. Algunos cristianos lo hacen sentir a usted como si la adoración en domingo fuera necesaria para la salvación. Otros actúan como si estuviera traicionando la fe, si objeta el paganismo mezclado en la semana de Pascua y en la Navidad, o si utiliza nombres hebreos. Para que el avivamiento se extienda vamos a necesitar amar mucho más y juzgar mucho menos.

Nos acercamos al día de angustia de Jacob. *"¡Ah, cuán grande es aquel día! tanto, que no hay otro semejante a él; tiempo de angustia para Jacob; pero de ella será librado"* (Jeremías 30: 7). Este será el tiempo de la peor persecución en la historia; primero para los judíos y luego para los cristianos. Cuando la persecución nos llegue, no será tan importante el día ni la manera en que adoramos, sino *a Quién* adoramos.

Las bendiciones sobrenaturales que se derramarán cuando la Iglesia evangelice a los judíos, ¡las necesitamos hoy! La salvación de Israel es necesaria para que surja la generación de Elías, y ésta preparará el camino del Señor. El cristiano gentil necesita la pieza del rompecabezas que tiene el creyente judío, y éste necesita la que tiene el cristiano gentil, y todos necesitamos a Yeshua. ¡Estos son los días de Elías!

La Gloriosa Congregación de Hombres y Mujeres Nuevos

¿Cómo sería la Iglesia hoy si empezáramos a escudriñar y luego a cumplir sólo las Escrituras? ¿Qué ocurriría si descartando todas las tradiciones del Judaísmo y el Cristianismo, judíos y cristianos nos uniéramos como un solo cuerpo? Tendríamos la Gloriosa Congregación, el surgimiento del Hombre Nuevo, ¡Yeshua!

Aunque Malaquías es el último libro del Antiguo Testamento Cristiano, el último de la Tenach, que es como nosotros los judíos llamamos al Antiguo Testamento, es el Segundo Libro de Crónicas. La Tenach presenta los libros de la Escritura en un orden diferente, y creo que sus últimas palabras deben tener un gran significado profético. Estas son sus palabras de cierre:

> *Así dice Ciro, rey de los persas: El Señor, el Dios de los cielos, me ha dado todos los reinos de la tierra; y él me ha mandado que le edifique casa en Jerusalén, que está en Judá. Quien haya entre vosotros de todo su pueblo, sea el Señor su Dios con él, y suba. (2° de Crónicas 36: 23).*

El cumplimiento espiritual de estas palabras alcanza su máxima expresión en la Congregación *de Hombres Nuevos* compuesta de creyentes judíos y gentiles.

Dios dice que debemos edificarle una casa [o templo]. (Ver Efesios 2: 14 – 15; 22.) Su objetivo es *"reunir todas las cosas en Cristo* [el Mesías]" (Efesios 1: 10). Cuando la pared divisoria entre judíos y gentiles sea derribada, el templo espiritual, el lugar de habitación de Dios será restaurado, y este *Nuevo Hombre* traerá a la Iglesia poder de resurrección que Pablo llama *"vida de entre los muertos"* (Romanos 11: 15).

¿Cómo puede el diablo detener la explosión del poder de Dios? *¿Cómo puede detener la edificación del templo?* Si se destruye el fundamento, el templo no se puede construir. ¿Cuál es entonces la estrategia satánica? Evitar que los judíos vean al Mesías y que lleguen a ser uno con los creyentes gentiles.

El Tabernáculo de David

El tabernáculo de David en el primer libro de Crónicas 16 es un símbolo profético del *Nuevo Hombre*. En este tabernáculo no existía separación entre la gente y Dios. No tenía lugar santísimo en donde el sumo Sacerdote sólo podía entrar una vez al año. Todos tenían la experiencia de la presencia de Dios 24 horas al día, 7 días a la semana. David instituyó la alabanza diaria delante del Señor y los Levitas adoraban a Dios con sus canciones (ver 1° de Crónicas 16: 37).

El Tabernáculo de David, del cual profetizó Amós, es también un tipo o figura de la congregación del *Glorioso Hombre Nuevo*:

> *En aquel día yo levantaré el tabernáculo caído de David, y cerraré sus portillos y levantaré sus ruinas, y lo edificaré como en el tiempo pasado; para que aquellos sobre los cuales es invocado mi nombre posean el resto de Edom, y a todas las naciones, dice el Señor que hace esto. (Amós 9: 11 – 12).*

En este pasaje Dios prometió que cuando el avivamiento llegue al tabernáculo de David (el pueblo judío), causará un avivamiento entre los gentiles. De hecho, este fue el texto probatorio que convenció al Concilio de los apóstoles en Jerusalén que debían evangelizar a los gentiles (ver Hechos 15: 16 – 17). Amós 9: 13 dice que las bendiciones del avivamiento serán tan grandes que el segador o cosechero no podrá recoger toda la cosecha antes de que la siguiente temporada de siembra comience. El que ara alcanzará al segador.

Si los gentiles fueron la parte faltante en la Iglesia el día en que se reunió el Concilio de Jerusalén, que registra Hechos 15, ¿quiénes son los que faltan ahora? Cuando Yeshua murió, el velo del templo se partió en dos (ver Mateo 27: 51). Ahora nada nos debe separar ni impedir nuestra intimidad con Dios. Pero todavía la pared intermedia de separación (el velo) entre judíos y gentiles impide que la Iglesia cumpla a plenitud su destino divino (ver Efesios 2: 14). Si queremos ver y experimentar la gloria de Dios aquí en la tierra es necesario que derribemos la pared divisoria que nos separa.

¿Quiere usted ver el rostro de Dios?

Moisés vio la gloria de Dios pero no pudo mirar su rostro. *"El entonces dijo: Te ruego que me muestres tu gloria… Dijo más* [Dios]: *No podrás ver mi rostro; porque no me verá hombre, y vivirá"* (Éxodo 33: 18 y 20). Después de haber estado en la presencia de Dios, la gloria del rostro de Moisés era tan intensa que tuvo que cubrirlo con un velo porque su brillo hubiera cegado a la gente que lo miraba como si miraran directamente al sol.

La gloria del tabernáculo del Antiguo Pacto era tan densa que hubo momentos en que Moisés no pudo entrar (ver Éxodo 40: 35). Cuando la nube de la gloria de Dios llenó el templo de Salomón, los sacerdotes no podían estar allí (ver 2° de Crónicas 5: 14). Bajo el Nuevo Pacto, nuestros cuerpos son templos del Espíritu Santo (véase 1ª de Corintios 6: 19). Si la gloria del Antiguo Pacto fue tan fuerte, ¿cuánto más lo será la gloria que llenará nuestros templos del Nuevo Pacto cuando judíos y gentiles lleguen a ser *Un Solo y Nuevo Hombre* en Yeshua?

¿Cuándo ocurrirá tal cosa? Salmo 102: 13 – 16, declara:

> *Te levantarás y tendrás misericordia de Sión, porque es tiempo de tener misericordia de ella, porque el plazo ha llegado. Porque tus siervos aman sus piedras, y del polvo de ella tienen compasión. Entonces las naciones temerán el nombre del Señor, y todos los reyes de la tierra tu gloria; por cuanto el Señor habrá edificado a Sión, y en su gloria será visto.*

Cuando los siervos, el pueblo judío, amen las piedras de Israel (o el regreso a su tierra), el Señor edificará a Sión y aparecerá en su gloria. Esta profecía fue escrita para *"la generación venidera"* (Salmo 102: 18), que podríamos traducir también como "la *última* generación".

Esta última generación será creada de manera singular para restaurar la alabanza y adoración Davídica, a fin de preparar un tabernáculo para el Rey. Romanos 9: 4 dice que de los Israelitas (o judíos) es el "culto" o "adoración". Esto creará una nueva dimensión de adoración. Cuando la magnificencia de la adoración levítica sea restaurada, ella traerá un derramamiento de la misma gloria que estuvo en el templo de Salomón. La gloria del Antiguo Pacto es la lluvia primera. Cuando las dos lluvias, la primera y la postrera, sean una sola, o se manifieste la gloria del Nuevo Pacto, viviremos un movimiento de Dios como el mundo no ha visto jamás.

Milagros en la ciudad de Kiev

Lo más parecido a este derramamiento, que yo haya visto, se encuentra en la congregación judío-mesiánica más grande del mundo que está en la ciudad de Kiev, en Ucrania. Su líder, el Rabí Boris es siempre sensible al Espíritu Santo, de quien recibe dirección. Cuando él implementa sus instrucciones, la congregación florece. ¿Cuál es el secreto? Boris se ha sometido al Espíritu de Dios.

Alrededor de 1.000 judíos y gentiles se reúnen todos los sábados en su congregación. Normalmente hay por lo menos 100 milagros de sanidad instantánea *en cada* reunión. Dios le indicó a Boris que usara el antiguo estilo Chasidic (Judío Ortodoxo) en la adoración. La música y la danza son tan contagiosas que casi todo el mundo participa.

Generalmente la música precede la acción de Dios. La música que nos llevará al *Hombre Nuevo* será una canción nueva y original. Será la misma que describe Apocalipsis 15: 3: la canción de Moisés (judío), y la canción del Cordero (cristiano), unidas en una sola. Será una canción de amor de la Esposa para su Esposo celestial; de la Iglesia para Yeshua. Ni ojo ha visto ni oído ha escuchado lo que ocurrirá cuando la Esposa y el Esposo intensifiquen su intimidad.

¿Ha presenciado usted una boda judía? Tan fastuosas como pueden ser las bodas en la tierra, yo quiero invitarlo a la mejor boda de todos los tiempos. Tiene una invitación dorada para la Cena de las Bodas del Cordero.

El círculo cerrado

Está a punto de cerrarse el círculo. Los primeros en oír las buenas nuevas fueron judíos, pero también serán los últimos en acoger el evangelio. Yeshua dijo: *"Así, los primeros serán postreros, y los postreros, primeros"* (Mateo 20: 16). Dios está casi listo para ubicar otra vez al pueblo judío y a la nación de Israel en el centro del escenario. Es como si estuviéramos mirando un video de la historia de la Iglesia en reversa. Mientras más nos acercamos al regreso del Mesías mayor será nuestro parecido con la primera Iglesia, y mayor la atención del mundo para los judíos e Israel.

La restauración de las raíces judías de la Iglesia está ocurriendo ante nuestros ojos. Ésta llegará a ser culturalmente más hebrea. Los creyentes judíos harán parte del liderazgo de la Iglesia, tal como fue al comienzo. También habrá una restauración del templo, tanto física como espiritualmente. Y por supuesto los judíos ya están retornando a Israel.

Aunque he presentado muchos de los ingredientes de la *Congregación del Hombre Nuevo*, ella incluye mucho más. Lo que sí es seguro es que el próximo movimiento del Espíritu de Dios, el más grandioso, será diferente a cualquier cosa que hayamos visto antes.

12

∞∞∞∞∞∞∞∞∞∞∞∞∞∞∞∞∞∞∞∞∞∞∞∞∞∞∞∞

La Tradición

¿JUGÓ USTED ALGUNA VEZ cuando niño el juego llamado "el teléfono"? En un grupo de participantes una persona susurra una frase al oído de otra y así sucesivamente. Cuando el mensaje ha pasado a través de varias personas llega a la última completamente distorsionado. Eso es lo que ha ocurrido en la Iglesia. A través de los siglos las costumbres y las tradiciones han distorsionado la verdad de la Palabra de Dios. Nos hemos extraviado de las sendas antiguas. Necesitamos una reforma de mayor alcance que la que inició Martín Lutero. Tenemos que regresar al Dios de nuestros padres desandando todo el camino.

Hace muchos años escuché una singular tradición en una sinagoga Ortodoxa en la ciudad de Washington, DC. Cuando alguien subía a la plataforma a leer la Torá, hacía un ademán de arrodillarse, bajaba la cabeza, y luego se paraba otra vez frente al rollo de las Escrituras. Un día, un miembro curioso preguntó:

"Rabí, ¿por qué nos inclinamos tantas veces antes de leer la Torá?"

El Rabí explicó que la sinagoga había estado localizada antes en el sótano de otro edificio. La Torá estaba precisamente frente a un tubo de agua ubicado en un nivel bajo, y la única forma de acercarse a ella era pasando debajo del tubo.

Como judío he conocido tantas tradiciones como para toda una vida. Pero el cristianismo también está lleno de tradiciones, que son un problema humano. Todos tenemos patrones con los cuales nos sentimos más cómodos. Un pastor piensa que tiene que establecer todas estas "zonas de comodidad." Los grupos religiosos más antiguos son los que tienen más tradiciones. Por ejemplo, nosotros los judíos tenemos más tradiciones que los católicos. Los católicos tienen más que los protestantes, y los pentecostales superan en tradiciones a los carismáticos, los que a su vez tienen más que el movimiento *Palabra de Fe*. Piense en lo siguiente: después de asistir a una iglesia determinada durante cierto tiempo, usted asimila las tradiciones y se siente "incómodo" en otras confesiones del Cuerpo del Mesías.

¿Qué pasaría si la iglesia que siempre viste los miembros del coro con uniformes, repentinamente los desechara? ¿Qué tal si los tambores y el bajo y la guitarra sonaran muy tenues en un culto tradicional? ¿Qué ocurriría si el pastor apareciera en el púlpito un domingo en la mañana sin corbata ni saco? De otro lado, para quienes asisten a una iglesia en donde los miembros visten de manera informal, ¿cómo reaccionarían si su pastor se apareciera con traje y corbata? ¿Qué tal si no hay música "especial" antes de que el pastor hable? ¿O si éste empieza a sacudirse bajo el poder de Dios y otros comienzan a gemir y clamar en el Espíritu? ¿Qué pensaría usted si un viento poderoso con llamas de fuego entrara al edificio de su iglesia y la gente empezara a hablar en lenguas y a actuar como si estuvieran ebrios? (Ver Hechos 2: 1 – 15). ¿Qué pasaría si nuestras congregaciones fueran más "sensibles a Dios" y no tan "sensibles a los buscadores de Dios"? ¿Qué es más importante, que Dios se haga presente, o que el orden tradicional del culto sea siempre igual?

Si el pastor se somete al Espíritu inmediatamente comenzará una presión a los miembros. Provocará la salida de quienes están estorbando el avivamiento. Es posible que algunos digan: "He sido creyente durante treinta años y Dios nunca ha obrado de esa manera". Otros quizá se sientan incómodos porque el pastor predica el señorío de Yeshua, y no una sofisticada versión de una póliza de vida barata. Ya no habrá "dos himnos, un bostezo, y una reunión terminada al medio día." El entretenimiento desaparecerá para siempre (que en paz descanse). En alguna ocasión el pastor estará tan concentrado en la adoración que el culto puede terminar sin que haya predicación de la Palabra. En cambio, los miembros tendrán la experiencia de la Palabra Viva. Ya no sacarán del culto a los niños y a los adolescentes para que vean videos. Todos estarán frente a la plataforma llorando por los perdidos.

Hogar, dulce hogar (o iglesia)

La Iglesia del primer siglo se reunía en las casas. Hechos 2: 46 dice que *"perseveraban unánimes cada día en el templo, y partían el pan en las casas"*. Todos los creyentes participaban en estas reuniones. El apóstol Pablo escribió al respecto: *"Cuando os reunís, cada uno de vosotros tiene salmo, tiene doctrina, tiene lengua, tiene revelación, tiene interpretación"* (1 Corintios 14: 26). ¿Cómo es posible hacer esto en una reunión grande? Eso no es posible. Los lugares ideales para hacerlo son las casas, en las reuniones hogareñas, como lo hizo la Iglesia naciente.

El énfasis en estas reuniones no será "el show de un hombre" sino "Un Cuerpo de Hombres Nuevos". Los miembros se conocerán realmente unos a otros. Llegarán a ser *mispocha* (familia), comiendo juntos, compartiendo sus vidas y mostrando el Reino de Dios en la tierra al cuidarse unos a otros. El trabajo del líder será ofrecer madurez mediante un suave liderazgo sometiendo el control de las reuniones al señorío del Espíritu Santo.

En vez de que un grupo dirija la música, cualquiera en el grupo puede dirigir. El Espíritu Santo pondrá en la mente de alguien una canción relacionada con lo que se está discutiendo o con el asunto por el cual se ora, que estimula a la persona a la adoración. Cuando esa persona comience a cantar, los demás captarán el impulso y seguirán el canto inspirado por el Espíritu.

Lo mismo ocurrirá con la oración. La conversación con el Señor se mezclará con los demás elementos de adoración como si el Señor estuviera con ellos. ¡Y de hecho él está! A veces una declaración de alabanza o de acción de gracias comenzará con lo que una persona siente en su corazón, y seguirá con el grupo. Bajo la dirección del Espíritu las cosas siempre están en orden, aunque ese orden sea espontáneo.

Es probable que los sermones, tal como los conocemos, no tengan lugar, aunque las enseñanzas son algo corriente. En la típica moda hebrea, estos serían diálogos, no monólogos. Pero no es sólo la gente la que tiene oportunidad de expresar lo que hay en su corazón; el Señor mismo podrá hablar *a través* de todos los miembros entre sí. Cuando el Espíritu dirija la reunión, muchos participarán y sus cortas palabras formarán un tapiz que será el mensaje de Dios para ese momento y lugar. Eso puede incluir cantos proféticos, palabras de conocimiento o sabiduría, o lenguas con interpretación. Los miembros del grupo crecerán en el liderazgo y en el uso de los dones, pues ya no serán *espectadores* sino *participantes*. Una reunión hogareña es el lugar ideal para que toda persona aprenda cómo ministrar a otros, a orar por los enfermos, a profetizar y a ver milagros.

Los relatos y la literatura del Nuevo Pacto durante el primer siglo muestran que hubo un amor o una pasión en los primeros creyentes que se ha perdido en la mayor parte del cristianismo del siglo 21. Ellos estaban apasionadamente convencidos de la verdad de las Buenas Nuevas. Tenían conciencia de que sin esa verdad la gente iría al infierno. Eran inflexibles en su mensaje. Estos primeros creyentes presentaban un evangelio que demandaba una decisión clara. Su pasión no la reservaban para una reunión semanal; los embargaba 24 horas al día, 7 días a la semana, y afectaba todas las áreas de su vida, todo lo que hacían y a todas las personas que conocían. Y no la poseían sólo los pastores y evangelistas. *Todos* estaban equipados para compartir las Buenas Nuevas y para moverse en el mundo de los milagros, totalmente rendidos y sometidos al Mesías.

Cuando recobremos la pasión de estos primeros cristianos, los milagros serán algo común en los grupos hogareños que se someten al Espíritu de Dios. Se añadirán creyentes continuamente porque los atraerá el amor y la unidad del grupo. La gente está hambrienta de amor y necesita experimentar el Reino de Dios demostrado en la tierra por los que lo tienen. Todos serán miembros productivos y funcionales; cada uno descubrirá su don y lo usará. Estas congregaciones en los hogares se reunirán como un cuerpo para adorar y para recibir lo que el liderazgo de la ciudad les imparta. Yo visualizo los coliseos deportivos repletos de creyentes que celebran las fiestas bíblicas. Veo multitudes tan grandes que los noticieros de la televisión secular se interesarán.

Odres nuevos

Muchos creyentes de la Iglesia de hoy se sienten insatisfechos. Sabemos que el viejo maná ya no sabe igual y clamamos por algo más. Tenemos hambre de una mayor intimidad con Dios. Nuestros odres viejos ya no pueden contener la gloria que está llegando a la Iglesia. El director de la fiesta le dijo al novio en las bodas de Caná: *"Has reservado el buen vino hasta ahora"* (ver Juan 2: 10). El mejor vino, tipo o figura del Espíritu Santo, está a punto de ser derramado. Pero el viejo sistema (la Iglesia o el cristianismo institucional) no podrá contener la gloria. Necesitamos un odre nuevo (véase Mateo 9: 17). Dios está preparando su elegido, el *Nuevo Hombre*, para el último tramo. Pero antes debemos cambiar los odres que recibirán el derramamiento de su Espíritu.

Señor, tú sabes que no tengo todas las soluciones, pero tú sí, y amas a tu Iglesia. Por favor restáuranos el gozo de tu salvación. Reemplaza nuestros viejos odres con nuevos para que cuando derrames tu Espíritu podamos recibir todo lo que tienes para nosotros. Danos el valor para desechar los fundamentos humanos a fin de poder ser recipientes de la gloria de la unción del Hombre Nuevo. Muéstranos lo que significa vestirnos del Nuevo Hombre (ver Efesios 4: 24).

13

Verdad o consecuencias

LA PALABRA DE DIOS NOS MANDA a orar por la paz de Jerusalén. *"Pedid por la paz de Jerusalén; sean **prosperados** los que te aman"* (Salmo 122: 6). La palabra *prosperar* se refiere a algo más importante que el dinero; en el idioma hebreo significa "paz interior". *Jerusalén* significa "Ciudad de Paz". Pronto viene el día en que Yeshua reinará en Jerusalén, y la Palabra del Señor será difundida desde esa ciudad a todo el mundo. (Ver Isaías 2: 1- 4).

Cuando oramos por la paz de Jerusalén estamos orando por el regreso de Yeshua el Mesías, para que Jerusalén se convierta en la auténtica Ciudad de Paz, por el avivamiento mundial. Oramos porque los judíos incrédulos sean salvos para que el mundo crea, y oramos por la realidad de *Un Solo Hombre Nuevo*.

El diablo y sus legiones hacen todo lo posible por abortar el plan de Dios. Yeshua dijo que él no regresará hasta que el pueblo judío diga: *"Bendito el que viene en el nombre del Señor"* (Mateo 23: 39). Pero esto no preocupa tanto al diablo como la gran cosecha que vendrá cuando la rama judía sea insertada otra vez en el olivo. Ello hará que a través del *Hombre Nuevo* la vida de Dios explote en medio de la agonizante humanidad (véase Romanos 11: 15).

La separación de las ovejas y los cabritos

La plomada para medir la Iglesia y las naciones es siempre Israel. La declaración de Génesis 12: 3 donde Dios promete bendecir a quienes bendigan al pueblo judío, y maldecir a quienes lo maldigan, sigue teniendo validez, especialmente en este tiempo señalado para bien de Sión.

Toda la tierra es del Señor y él le ha asignado la tierra de Israel al pueblo judío. En el Salmo 105: 8 –11 encontramos un resumen de su mandato. Dios dice allí que le da al pueblo judío la tierra de Israel (anteriormente Canaán), "para siempre", "por la eternidad" y "por mil generaciones". Si usa tres maneras diferentes para decir una misma cosa, tiene que ser importante. Un Sionista bíblico cree que a los judíos se les dio la tierra de Israel para siempre. Entonces, obviamente, Dios fue el primer Sionista.

Yeshua dijo en Mateo 25: 31 – 46 que las naciones serán separadas como separa un pastor a los cabritos de sus ovejas. Un cabrito hace lo que quiere, pero la oveja sigue al pastor. Yeshua nos dice que la línea divisoria será: *"...que en cuanto lo hicisteis a uno de estos mis hermanos más peque-*

ños [en el original griego significa "hermanos de vientre: el pueblo judío], *a mí lo hicisteis"* (Mateo 25: 40).

El mismo juicio se menciona proféticamente en Joel 3: 2:

> *Reuniré a todas las naciones, y las haré descender al valle de Josafat, y allí entraré en juicio con ellas a causa de mi pueblo, y de Israel mi heredad, a quien ellas esparcieron entre las naciones, y repartieron mi tierra.*

Juicios de advertencia

Los Estados Unidos, como nación, han violado cada uno de los Diez Mandamientos. Estamos pendiendo de un hilo. Una de las razones principales por la que todavía disfrutamos algo del favor de Dios es porque somos amigos de Israel. No obstante, estamos peligrosamente cerca de perder esa bendición. Dios siempre nos advierte antes de enviarnos juicio para darnos una oportunidad de arrepentimiento. Él le está haciendo la advertencia final a los Estados Unidos: *"Quienquiera que les haga daño* [a Israel] *le hace daño a mi más preciada posesión. Yo* [Dios] *levantaré mi puño para golpearlo"* (Zacarías 2: 8 – 9, NLT).

En su libro *God´s Final Warning to America* [La Advertencia Final de Dios a los Estados Unidos de América], John McTernan afirma que cuando los Estados Unidos se han puesto en contra de Israel hemos recibido "juicios de advertencia". [1] McTernan ha descubierto centenares de ejemplos de esos juicios, muchos de los cuales llegaron a las 24 horas de la acción antisemita. El presidente George Bush, padre, inició en 1991 su plan de paz para el Medio Oriente justamente después de la llamada Guerra del Golfo contra Irak. Parte de ese plan era ejercer presión contra Israel para que cediera tierra a cambio de paz. Dios prometió esta tierra al pueblo judío para siempre. ¿Es coincidencia que a pesar de gozar del más alto índice de aprobación, históricamente, después de la guerra del Golfo, Bush perdiera las elecciones para su reelección?

Cuando los Estados Unidos presionan a Israel para que entregue su tierra, nos vienen juicios de advertencia casi simultáneamente. Proverbios 26: 2, dice que: *"la maldición nunca vendrá sin causa"*.

- El 30 de octubre de 1991, el presidente Bush, padre, pronunció un discurso en la apertura de la conferencia "tierra a cambio de paz" en Madrid, España. Al día siguiente una de las tormentas más destructoras que hayan ocurrido en el país azotó a Nueva Inglaterra y causó estragos a lo largo de toda la Costa Este, desde el estado de Maine, al norte, hasta la Florida, en el sur. Olas de diez metros de altura golpearon la casa del presidente en Kennebunkport, Maine, infligién-

---

1. John McTernan, *God´s Final Warning to America* [La Advertencia Final de Dios a los Estados Unidos de América], Oklahoma City, OK: Hearthstone Publishing, 2000), 82 – 119

dole graves daños. [2] Esta tormenta masiva sirvió de tema a un libro y a una película: *The Perfect Storm* [La Tormenta Perfecta].

- El 23 de agosto de 1992, la Conferencia de Paz de Madrid fue trasladada a Washington DC. Durante el primer día de la conferencia el huracán Andrew azotó la Florida. Andrew fue hasta ese tiempo el peor desastre natural ocurrido en los Estados Unidos. [3]

- John McTernan también ve una relación entre los ataques terroristas ocurridos el 11 de septiembre del 2001 y el tratamiento de los Estados Unidos a Israel. "Importantes fuentes noticiosas han informado que la administración del presidente George W. Bush había formulado una política de reconocimiento del estado palestino con la Jerusalén oriental como su capital. El Secretario de Estado iba a informar del plan al embajador de Arabia Saudita el 13 de septiembre, y el 23 del mismo mes lo anunciaría en la Asamblea General de las Naciones Unidas. El ataque de septiembre 11 impidió que eso ocurriera. En el mismo tiempo en que los Estados Unidos planeaban forzar a Israel a la coexistencia con los terroristas que tienen como objetivo la destrucción de la nación judía, ¡fueron atacados por esos mismos terroristas!" [4]

2. Timothy Snodgrass, "History and Future of USS New Madrid", http://www.etpv.org/2002/histand.html (acceso en Mayo 19, 2004).

3. Ibid.

4. John McTernan, "Israel Connection", Messianic Vision Newsletter, ["La Conexión Israelí" Boletín de la Visión Mesiánica] N° 0301, January 2003.

- McTernan vio otra relación en un hecho ocurrido en el año 2004. "Entre el 13 de agosto y el 25 de septiembre, los Estados Unidos sufrieron un azote record de cuatro huracanes destructores. Durante este mismo período el presidente Bush II estuvo presionando a Israel para que permitiera la división de su tierra de pacto. La nación americana presionó a Israel para que evacuara a los judíos de su tierra y los huracanes obligaron a nueve millones de americanos a evacuar sus hogares". [5]

- Al desastroso Huracán Katrina, en Agosto del 2005, también se le relacionó con el tratamiento estadounidense a Israel, según lo afirma McTernan. "La relación entre la presión del gobierno estadounidense a Israel para que destruyera 25 asentamientos judíos en su tierra de pacto, y la destrucción causada por el Huracán Katrina es obvia. El sur de Luisiana y la Costa del Golfo en Mississippi fueron destruidos exactamente 14 días después de que Israel comenzara la remoción de judíos de su tierra, y 7 días después de que se completara el desalojo". [6]

---

5. John McTernan, *As America Has Done to Israel* [Como los Estados Unidos de América le Han Hecho a Israel], (Longwood, FL: Xulon Press, 2006), 203.

6. John McTernan, "The Katrina-Israel Connection", Mesianic Vision Newsletter ["La Conexión Katrina-Israel", Boletín de la Visión Mesiánica], N° 0506, Noviembre 2005.

Estas son sólo unas pocas de las muchas advertencias. Y si estas son sólo advertencias, imagine usted lo que serán los juicios. Dios es justo. El tiempo corre, y como nación debemos ser fieles a su Palabra y permanecer leales a la nación de Israel.

14

◇◇◇◇◇◇◇◇◇◇◇◇◇◇◇◇◇◇◇◇◇◇◇◇◇◇◇◇◇◇◇◇◇◇◇◇◇◇

¿El fin de la era gentil?

¿HEMOS LLEGADO AL FINAL de la era gentil? Sabemos que la primera Iglesia fue toda judía. Cuando se abrió a los gentiles, éstos rápidamente superaron en número a los judíos. En ese tiempo la Iglesia pasó de ser judía con su sede en Jerusalén, a ser una Iglesia gentil con sede en Roma. Entramos así al "tiempo de los gentiles".

Cuando leo en el libro de los Hechos la historia de la primera Iglesia, siento celos. Todos los creyentes ardían con el fuego del Espíritu Santo. El menor de los creyentes podía hacer las obras que Jesús hizo (ver Marcos 16: 17 – 18). Ser un creyente "normal" significaba sanar a los enfermos, echar fuera demonios, resucitar muertos, oír la voz de Dios y lograr respuesta a las oraciones.

Cuando los primeros gentiles se unieron, la Iglesia todavía era normal. La pared de separación entre judíos y gentiles fue removida y sus miembros actuaron con el poder de *Hombres Nuevos*. Pero al entrar al tiempo de los gentiles, la cultura, el estilo de liderazgo, y el poder, cambiaron. Dejamos de ser normales. Cada vez menos judíos abrazaban la fe.

A través de los siglos, una y otra vez el diablo ha tenido éxito en causar enemistad entre judíos y gentiles. Hoy todavía permanece entre los dos una gran pared de separación. No obstante, Israel está empezando a reconocer que sus mejores amigos en el mundo son los cristianos. ¿Podría ser que cuando esta pared se venga abajo totalmente volveremos a ser normales y a operar con el mismo poder de la primera Iglesia?

En 1993, Jonathan Bernis, un judío mesiánico amigo mío, me invitó a unírmele en una nueva empresa. Alquiló un teatro en San Petersburgo, Rusia, y anunció un concierto musical judío. No sabíamos si alguien asistiría. Pero para nuestro asombro, el teatro se llenó y yo hablé la primera noche. Ambos fuimos testigos de algo que jamás habíamos visto antes. Centenares de *judíos* vinieron *corriendo* frente a la plataforma para arrepentirse de sus pecados y aceptar a Yeshua como Mesías. Millares de ellos vinieron a Yeshua como resultado de esas reuniones.

Entonces Dios me habló en un sueño y me dijo:

"Más judíos me conocerán a través de tu libro que por otra acción que tú hayas realizado alguna vez".

"¡Ah, mi libro testimonial al fin va a despegar!" –dije yo.

"No; tu libro de testimonios judíos" –me respondió el Señor.

Antes de que pudiera decirle que yo no tenía un libro de testimo nios judíos, desperté. Pero inmediatamente reuní diez testimonios de personas judías y los publiqué en un libro titulado: *They Thought for Themselves* [Ellos Pensaron por Sí Mismos]. La historia ha demostrado que el sueño era de Dios. He distribuido alrededor de medio millón de copias en seis idiomas diferentes entre judíos de todo el mundo. En la antigua Unión Soviética le envié el libro por correo a un gran número de judíos cuyos nombres y direcciones había publicado la KGB (policía secreta) en una lista en la Internet. Desde 1993, centenares de miles de judíos han venido a Yeshua como fruto de las reuniones evangelísticas y de estos libros. (Si desea tener el libro *They Thought for Themselves,* mire la información en la parte posterior del libro que tiene en sus manos.) ¿Por qué hay tal apertura hacia el Evangelio entre la gente judía? ¡Porque estamos al final de la era gentil!

El apóstol Pablo profetizó lo que sucederá cuando los judíos se unan con los cristianos en Yeshua. *"Si su transgresión es la riqueza del mundo, y su defección la riqueza de los gentiles, ¿cuánto más su plena restauración?"* (Romanos 11: 12). En otras palabras, Pablo dice que cuando la mayoría del pueblo judío rechazó a su Mesías, el resultado fue que las riquezas de la salvación abundaron para los gentiles. Pero cuando los judíos reciban, el resultado va a ser *mucho más* para los gentiles. Este *mucho más* será la restauración del poder de la primera Iglesia.

Pablo enseña además que la mayoría de judíos estarán ciegos al Evangelio hasta que haya entrado la plenitud de los gentiles:

> *Porque no quiero, hermanos, que ignoréis este* **misterio**, *para que no seáis arrogantes en cuanto a vosotros mismos: que ha acontecido a Israel* **endurecimiento en parte**, *hasta que haya entrado la* **plenitud de los gentiles**; *y luego todo Israel será salvo, como está escrito: Vendrá de Sión el Libertador, que apartará de Jacob la impiedad.* (Romanos 11: 25 – 26).

Este misterio es revelado cuando entendemos el vocablo griego traducido como *plenitud*. La palabra es *pleroma* que generalmente se refiere a la "totalidad de los poderes de Dios". [1] El mismo vocablo se encuentra en Efesios 4: 13: *"Hasta que todos lleguemos al... conocimiento del Hijo de Dios, a un varón* **perfecto**, *a la medida de la estatura de la* **plenitud** *de Cristo* [el Mesías]". En otras palabras, la "plenitud de los gentiles" vendrá más o menos cuando éstos alcancen madurez en su conocimiento del Mesías. Parte de esta madurez será la restauración de *Un Solo Hombre Nuevo* cuando los gentiles se acerquen al pueblo judío. Al mismo tiempo, la ceguera espiritual será eliminada de los ojos judíos. Cuando judíos y gentiles se unan como un

---

1. *Wikipedia,* s.v. "pleroma", http://en.wikipedia.org/wiki/ Pleroma (acceso en Marzo 28, 2007).

Solo Hombre Nuevo su unión provocará la venida de la unción de Dios y su plenitud y será el catalizador para el avivamiento mundial. Dios quiere que usted esté tan lleno del Mesías que su unción impacte poderosamente a las personas judías que él cruce en su camino.

Para los padres de la iglesia Puritana, esta secuencia de acontecimientos y la plenitud de los gentiles no tenían nada de misterioso.

En 1652... ocho de los Puritanos más prominentes... afirmaron esta creencia:

> *"La Escritura habla de una doble conversión de los gentiles; la primera es antes de la conversión de los judíos que son por naturaleza ramas silvestres injertadas en el Olivo en vez de las ramas naturales que fueron cortadas. Esta plenitud de los gentiles vendrá antes de la conversión de los judíos y hasta entonces la ceguera afectará a Israel, Romanos 11: 25. La segunda, después de la conversión de los judíos...* [2]

En otras palabras, ellos creían que después del *Tiempo de los gentiles* habrá un avivamiento judío que provocará un segundo avivamiento gentil. ¡Estaban hablando del *Hombre Nuevo*!

---

2. Ian H. Murray, *The Puritan Hope; Revival and the Interpretation of Prophecy* [La Esperanza Puritana: El Avivamiento y la Interpretación de la Profecía], Edinburgh, UK: Banner of Truth Trust, 1971), 72 (disponible en 3 MKurrayfield Rd, Edinburgh, UK, or P.O. Box 621, Carlisle, PA), citado por Dan Gruber en *The Church and the Jews: The Biblical Relationship* [La Iglesia y los Judíos: La Relación Bíblica] (Hanover, NH: Elijah Publishing, 1997), 310 – 311.

Tomás Boston, el fiel testigo en la poco benévola Asamblea General de la Iglesia de Escocia, dijo:

> *¿Anhelan un avivamiento para las iglesias que yacen ahora como huesos secos, y que el Espíritu de Dios entre en ellas? Entonces oren por los judíos. `Porque si su exclusión es la reconciliación del mundo, ¿qué será su admisión sino vida de entre los muertos?´ Será un tiempo de vida, de gran derramamiento del Espíritu que llevará la reforma a un nivel mayor que hasta ahora...* [3]

El *Sr. Boston* cita la Carta a los Romanos 11: 15 que contiene una gran bendición para los gentiles. "¿Qué es esta `vida de entre los muertos´ para los gentiles? ¡Es `resurrección de muertos´ (PNT), o avivamiento para los gentiles!

Charles Spurgeon, el conocido y bienamado predicador de Inglaterra en 1855, dijo lo mismo: "No le concedemos suficiente importancia a la restauración de los judíos. No pensamos en ello lo suficiente. Pero ciertamente, si algo se ha prometido en la Biblia es precisamente eso". [4] Él no ubicó la conversión de los judíos al final de la historia sino al comienzo de un período de avivamiento general:

---

3.   Tomas Boston, citado en Murray, 113, citado por Gruber 312.

4.   Charles Spurgeon, citado en Murray, 214, citado por Gruber, 316.

Todavía está por venir el día cuando sean reunidos otra vez los judíos, quienes fueron los primeros apóstoles a los gentiles y los primeros misioneros en venir a nosotros que estábamos lejos. La plenitud de la gloria de la Iglesia no se puede manifestar hasta que eso ocurra. Beneficios paralelos para el mundo están ligados a la restauración de Israel; su restauración será como vida que resucita los muertos. [5]

Como ya lo mencioné antes, Pablo explica el cronograma de la restauración del pueblo judío al Cuerpo del Mesías. Dice que el velo espiritual del pueblo judío será quitado en la "plenitud" de los gentiles (ver Romanos 11: 25). Jesús también se refiere al cumplimiento del tiempo de los gentiles en Lucas 21: 24b; "Jerusalén será hollada por los gentiles, hasta que **los tiempos de los gentiles se cumplan".** En 1967, por primera vez desde que Jesús hizo esa predicción, los judíos recuperaron la posesión de Jerusalén. Dios está empezando a quitar la maldición de la ceguera espiritual de los ojos de los judíos.

Al mismo tiempo está eliminando la ceguera de los gentiles. Los cristianos gentiles están recibiendo la revelación de Dios del misterio relacionado con el pueblo judío e Israel. ¿Por qué ahora? Dios llama a los creyentes gentiles a evangelizarlos (véase Romanos 11: 11). Y el diablo se está alistando para su intento final de acabar con el pueblo

---

5. Ibid., 256, citado por Gruber, 316. "Vol. 17, p. 703 – 704".

judío para evitar el regreso de Yeshua a Jerusalén. El profeta Jeremías lo llama "tiempo de angustia para Jacob" (ver Jeremías 30: 6 – 7). Esa será su peor persecución en toda la historia. Podemos ver claramente cómo el odio sobrenatural por los judíos e Israel en los medios de comunicación aumenta día por día en todo el mundo.

En este tiempo señalado por Dios para favorecer a Sión (ver Salmo 102: 13 – 14), pocos están proclamando el evangelio con valentía a la gente judía. Muchos los aman, pero *amarlos sin hablarles de Yeshua es la peor forma de antisemitismo.* Algunos quizá consideren duras estas palabras, pero miren lo que está ocurriendo. He oído excusas tales como "el pueblo judío ha sufrido suficiente a manos de los así llamados cristianos. Yo no quiero ofenderlos con el evangelio. Solamente amémoslos". Y muchos de ellos dicen: "Por supuesto le hablaré de Yeshua a cualquier judío *que me lo pida*". ¡Eso es trágico! ¡En mis 30 años y más de ministerio, ningún judío me ha preguntado *alguna vez* por Jesús! Por favor, tome un instante y medite en las palabras de Pablo, el apóstol de los gentiles:

> *Que tengo gran tristeza y continuo dolor en mi corazón. Porque deseara yo mismo ser anatema, separado de Cristo, por amor a mis hermanos, los que son mis parientes según la carne… Hermanos, ciertamente el anhelo de mi corazón, y mi oración a Dios por Israel, es para salvación… ¿Cómo, pues, invocarán a aquel en el cual no han creído? ¿Y cómo*

creerán en aquel de quien no han oído? ¿Y cómo oi-
rán sin haber quien les predique? La fe viene por el
oír... (Romanos 9: 2 – 3; 10: 1, 14, 17).

15

Para un tiempo como este

CREO que el de Ester es *el* libro del tiempo final de la Iglesia. En él, Dios es el verdadero protagonista aunque su nombre ni siquiera se menciona. Cuatro son sus personajes principales: Asuero (el rey gentil), Ester (la reina judía), Mardoqueo (quien adoptó, crió y alimentó a Ester), y Amán (quien odiaba al pueblo judío). Ester es prototipo de la Iglesia gentil, y Mardoqueo lo es del Mesías. Aunque Ester llegó a ser reina, se mantuvo totalmente obediente a Mardoqueo.

Los judíos tenemos dos nombres: un nombre hebreo y el nombre que adoptamos en el país donde nacimos. Por ejemplo, mi nombre en inglés es *Sid* y mi nombre hebreo es *Israel*. El nombre hebreo de Ester era Hadasa que significa "mirto" (una planta aromática), y Ester era su nombre persa, derivado de Istar, diosa pagana de la fertilidad. Sin embargo, al traducirlo al idioma hebreo significa "esconder, ocultar o encubrir".

Ester era una virgen hermosa, una huérfana que tuvo el favor sobrenatural de llegar a ser miembro de la realeza. En Yeshua, la Iglesia gentil es una hermosa virgen. Aunque adoptados (o injertados), los gentiles se han levantado para ser reyes y reinas en el Reino de Dios. Como Ester, la Iglesia también ha ocultado sus raíces judías y se ha vestido con trajes persas. Originalmente vestía traje judío pero cuando llegó a ser reina persa le fue necesario vestir vestidos gentiles. De manera similar fue necesario que Dios quitara a la Iglesia su vestido original judío para alcanzar a los gentiles. Pero Ester, estamos al final de la era gentil. ¿No es tiempo de que cambies tus vestidos y tu nombre? ¿No es hora ya de dejar de esconderte?

Ester necesitó un tiempo de preparación para su momento *kairós*. Antes de presentarse ante el rey tuvo que empaparse en aceite de mirra durante seis meses. La mirra es amarga en el exterior y dulce al interior. Empaparse de esa manera hizo que su espíritu (interior) dominara su carne (exterior). Luego se empapó en perfumes durante otros seis meses. Iglesia Ester, si pasas tiempo empapándote de la presencia de Dios, cambiarás. Esta preparación para tu cita con el Rey marcará la diferencia entre estar en el atrio exterior, o convertirte en su Esposa.

Después de empaparse durante un año Ester pensó que estaba lista, pero Dios tenía otra idea. Tuvo que esperar otros tres años antes de ir al rey. En ese tiempo tuvo la de mejorar o amargarse. Después de todo, era linda y talentosa, no obstante seguía como un objeto en un estante. Espiritualmente hablando, pudo haber sido como las cinco vírgenes insensatas de las que habla Mateo 25. Pero como las cinco vírgenes prudentes, ella se preparó para encontrarse con el rey cultivando la humildad y la intimidad con Dios.

El Espíritu de Amán

Amán, el primer ministro de Persia y segundo en el gobierno, levantó una horca para colgar a Mardoqueo después que éste se negó a postrarse ante él. No obstante, así como el madero levantado para crucificar a Yeshua resultó dándole el golpe mortal al diablo, la horca levantada para colgar a Mardoqueo sirvió finalmente para colgar a Amán (ver 1ª de Corintios 2: 8).

Los antepasados de Amán fueron los amalecitas (descendientes de Amalec). Dios sabía que los amalecitas serían utilizados para combatir al pueblo judío a través de la historia. Esto es lo que él dijo en Éxodo 17: 16: *"El Señor tendrá guerra con Amalec de generación en generación"*. El espíritu de Amán se está levantando otra vez en todo el mundo. Ese espíritu amalecita subyace aún en los Estados Unidos de América. Verá usted como el pueblo judío será culpado por el futuro colapso económico americano. Amán sobornó al rey persa con diez mil talentos de plata y obtuvo su permiso para destruir a todos los judíos. Este mismo espíritu de Amalec controla la Organización de las Naciones Unidas y el Departamento de Estado. ¿Qué harás tú, Ester, cuando los países árabes, ricos en petróleo, digan que tenemos que rechazar a Israel o no tendremos más gasolina?

La unción de Hadasa

En el libro de Ester vemos que la estrategia del diablo fue matar a todo el pueblo judío. A través de la Biblia y de la historia de la humanidad, Satanás siempre ha intentado aniquilar a los judíos y borrarlos de sobre la faz de la tierra. Él creyó que si podía destruirlos podría evitar así la venida del Mesías. Aún después de que Yeshua vino, Satanás ha procurado acabar con ellos porque entiende la importancia del Hombre Nuevo. Sin judíos no habrá Hombre Nuevo.

La reina Ester era la *única* que podía ir al rey para salvar al pueblo judío. Ella pudo haber disfrutado su vida en la corte real sin correr ningún riesgo. Algunos creyentes en la Iglesia de hoy continúan empapándose de unción sin hacer nada. Ester sabía que revelar su identidad judía podía poner en peligro su vida. Pero más peligroso era guardar silencio. Mardoqueo le advirtió: *"No pienses que escaparás en la casa del rey más que cualquier otro judío"* (Ester 4: 13). Algunos podrían pensar que el antisemitismo no los afecta. Pero después que el diablo haya atacado a los judíos, irá tras los cristianos.

> *Porque si callas absolutamente en este tiempo, respiro y liberación vendrá de alguna otra parte para los judíos; mas tú y la casa de tu padre pereceréis. ¿Y*

quién sabe si para esta hora has llegado al reino?
(Ester 4: 14).

Los hechos que relata el libro de Ester ocurren en Persia, conocida hoy como Irán. El mismo espíritu de Amán está activo en Irán en nuestros días, lo mismo que en Rusia. Ezequiel 38 describe la alianza de Irán, Rusia y otras naciones contra Israel. Considerando la amenaza de las modernas armas nucleares, Israel no tiene chance de supervivencia (aparte de Dios).

Aunque la destrucción del pueblo judío ya estaba sellada, Ester acudió a leyes más poderosas del reino invisible. Después de orar y ayunar ocurrió un gran milagro. En vez de ser aniquilados, *"los judíos se enseñorearon de los que los aborrecían"* (Ester 9: 1). Desde que el pueblo judío se armó con la "espada", tipo de la Palabra de Dios (véase Ester 9: 5), hubo un avivamiento entre los gentiles (ver Ester 8: 17).

Hoy la situación de los judíos es tan seria y la amenaza de muerte tan grave como en los días de Ester. Yo oro en el nombre de Yeshua para que usted reciba la misma unción que ella tenía: la unción Hadasa. Oro para que se levante y, como lo hizo la Reina Ester, interceda por la vida del pueblo judío. *¿Quién sabe si para esta hora has llegado al reino?* (Ester 4: 14).

El patrón de Dios sigue siendo el mismo hoy. La salvación ha venido a la Iglesia gentil para:

- Provocar a celos a los judíos.

- Formar Un Solo Hombre Nuevo.

- Restaurar en la Iglesia su poder original.

- *Salvar al mundo.*